DES

FRACTURES

DE

L'extrémité supérieure du Tibia

PAR

Albert HEYDENREICH,
Docteur en médecine de la Faculté de Paris,
Ancien interne lauréat des hôpitaux de Paris,
Lauréat de l'Ancienne Faculté de médecine de Strasbourg,
Membre de la Société anatomique.

(**Avec deux planches**).

PARIS
V. ADRIEN DELAHAYE ET Ce, LIBRAIRES-ÉDITEURS,
PLACE DE L'ECOLE-DE-MEDECINE

1877

DES

FRACTURES

DE

L'extrémité supérieure du Tibia

PAR

Albert HEYDENREICH,
Docteur en médecine de la Faculté de Paris,
Ancien interne lauréat des hôpitaux de Paris,
Lauréat de l'Ancienne Faculté de médecine de Strasbourg,
Membre de la Société anatomique.

(**Avec deux planches**).

PARIS
V. ADRIEN DELAHAYE ET Ce, LIBRAIRES-ÉDITEURS,
PLACE DE L'ÉCOLE-DE-MEDECINE

1877

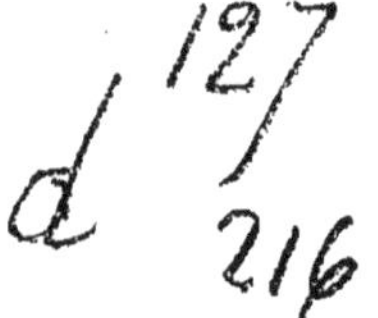

DES FRACTURES

DE

L'EXTRÉMITÉ SUPÉRIEURE DU TIBIA

INTRODUCTION.

Pendant mon internat à l'hôpital Saint-Louis, dans le service de M. le Dr S. Duplay, j'ai eu l'occasion d'observer avec mon maître une variété fort rare de fracture de l'extrémité supérieure du tibia. L'histoire de cette lésion n'étant pas faite, j'ai essayé de combler cette lacune. Mais je n'ai pas tardé à me convaincre que ma tâche était difficile.

L'étude que je me suis proposée embrasse en effet deux affections parfaitement distinctes : les fractures du tiers supérieur du tibia, et celles de l'extrémité supérieure proprement dite.

Sur les premières les documents ne manquent pas. Dès 1850, Laugier appelait l'attention sur la lenteur de leur consolidation; et cette idée a été développée dans plusieurs thèses passées à la Faculté de médecine de Paris. Ce sont celles de MM. Dallas (1854), Laborderie (1854), Fargeaud (1866), Durochas (1867), Marie (1867).

Plus tard, mon excellent maître, M. le professeur Richet, montrait que ces fractures sont dues non-seulement à des causes directes, les seules admises jusqu'alors, mais encore à des causes indirectes, et en particulier à l'arrachement. C'est ce fait que M. Cazeneuve s'est attaché à mettre en relief dans sa thèse (1875).

Mais si nous passons à la seconde partie de notre sujet, c'est-à-dire aux fractures de l'extrémité supérieure de l'os, nous ne retrouvons plus la même abondance de publications. Les recherches bibliographiques assez nombreuses que j'ai faites, m'ont prouvé que, sur cette matière, la littérature chirurgicale est pauvre.

Astley Cooper consacre quelques lignes à ces fractures, pour ne parler que de leur traitement. Malgaigne, ainsi que nos traités classiques de Nélaton et de Follin, ne font qu'effleurer leur histoire. Les thèses, que j'ai citées plus haut, les confondent dans une même description avec les fractures du tiers supérieur du tibia. M. Poncet, dans l'article qu'il consacre aux fractures de jambe dans le *Dictionnaire de médecine et de chirurgie pratiques*, insiste davantage sur la question, et cite un certain nombre de faits nouveaux.

Cependant les matériaux, puisés à ces diverses sources, étaient complètement insuffisants. J'ai dû rassembler les observations éparses dans les recueils périodiques et dans différents travaux; j'y ai joint quelques faits personnels; enfin je me suis basé sur des pièces anatomo-pathologiques, déposées dans les musées de Paris, ou figurées dans le traité de Gurlt (*Handbuch der Lehre von den Knochenbrüchen*, Frankfurt, 1860-62).

Qu'il me soit permis d'exprimer ici ma gratitude à mon cousin, M. F. Ehrmann, qui a bien voulu faire le dessin des deux planches annexées à ce travail.

DIVISIONS.

On sait que l'artère nourricière du tibia pénètre dans cet os à la jonction du tiers supérieur avec le tiers moyen. Respectant cette délimitation anatomique, je ferai rentrer dans mon sujet toutes les fractures siégeant sur le tibia, au-dessus de ce point de repère. Dans une première partie, j'étudierai les fractures du tiers supérieur de l'os, qui siégent au-dessous de la tubérosité antérieure. Dans une seconde partie, je m'occuperai de celles qui atteignent l'extrémité supérieure proprement dite, et je m'étendrai plus particulièrement sur ces dernières, qui sont moins connues.

Il est en outre un certain nombre de fractures qui, par suite de leur grande obliquïté ou de leurs complications, intéressent tout à la fois la diaphyse et l'épiphyse. Comme l'intérêt de ces lésions réside surtout dans leur siége voisin de l'articulation, je ne m'en occuperai qu'en traitant des fractures de l'extrémité supérieure.

Bien que cette division ait quelque chose d'artificiel, il me semble que le sujet y gagnera trop en clarté pour qu'il soit possible de la rejeter sans inconvénient.

PREMIÈRE PARTIE

Fractures du tiers supérieur du tibia.

Variétés.

Les fractures que nous étudions ici, c'est-à-dire celles qui siégent sur le tiers supérieur du tibia, au-dessous de la tubérosité antérieure, sont, à proprement parler, des *fractures de jambe*. Il est de règle en effet, qu'elles s'accompagnent de fractures du péroné; et, sur un total de 29 observations, dans lesquelles l'état des deux os est noté d'une façon précise et certaine, nous n'avons relevé que 4 cas, dans lesquels le péroné fût intact. Mais l'importance prépondérante de la lésion du tibia nous permet de ne considérer la fracture du péroné que comme une complication, qui n'en modifie pas le pronostic d'une façon notable.

Disons tout de suite que la solution de continuité du péroné siége souvent au même niveau que celle du tibia, mais qu'il n'est pas rare de la rencontrer en un autre point; et elle a été observée à toutes les hauteurs environ, depuis le col du péroné jusqu'à son tiers inférieur. D'ailleurs cette fracture, qui d'ordinaire se fait en même temps que celle du tibia, peut n'être que secondaire, le blessé essayant de s'appuyer sur son membre après la rupture de l'os principal.

Nous ajouterons qu'au lieu d'une fracture du péroné, on a rencontré encore comme complication une diastase de l'articulation tibio-péronière supérieure; la pièce n° 212 A du musée Dupuytren en est un exemple.

Si maintenant nous passons à l'étude des diverses variétés, que présente la fracture du tiers supérieur du tibia, nous remarquons tout d'abord qu'elle s'observe à toutes les hauteurs. Ainsi, sur un relevé de 35 pièces pathologiques ou observations dans lesquelles le siége de la fracture est indiqué, nous rencontrons celle-ci :

12 fois à la jonction du tiers supérieur et du tiers moyen ;

9 fois à la limite du quart supérieur et des trois quarts inférieurs;

9 fois à peu de distance au-dessous de la tubérosité antérieure ;

5 fois au niveau même de cette tubérosité.

S'il était permis de tirer une conclusion de ces chiffres, il semblerait que les fractures deviennent de plus en plus rares à mesure que l'on s'approche de l'extrémité supérieure. Or, Malgaigne, sur un total de 65 fractures de jambe dont il note le siége, en compte 38 qui occupent le tiers inférieur à différentes hauteurs, 24 qui affectent la partie moyenne, et 2 seulement qui atteignent le tiers supérieur; dans un dernier cas il s'agit d'une fracture double, occupant à la fois le tiers supérieur et le tiers inférieur. Il paraît résulter de ce rapprochement que, d'une manière générale, les fractures de jambe diminuent de fréquence à mesure que l'on s'éloigne de l'extrémité inférieure du membre.

La solution de continuité, sur le tiers supérieur du tibia, est souvent *transversale*, ou du moins se rapproche sensiblement de cette direction ; c'est la *fracture dentelée* de Malgaigne. On trouve un bel exemple de cette lésion au musée de Giessen (1), sous le n° 35, 252 a ; il s'agit d'un tibia, qui, outre une fracture guérie siégeant à la partie moyenne, présente une nouvelle fracture transversale à grosses dents, au-dessous de la tubérosité antérieure ; le péroné est brisé au-dessous de la tête. La ligne épiphysaire peut être distinguée, plus d'un pouce au-dessus de la fracture du tibia. On remarque, en même temps, une fracture de la pointe la plus externe de la malléole externe.

La fracture du tiers supérieur du tibia est assez fréquemment *oblique*, et quelquefois l'obliquité est très-grande, de telle manière que les fragments, et surtout le fragment supérieur, se terminent par une pointe aiguë. La plupart du temps, l'obliquité est dirigée *de haut en bas et d'arrière en avant*, ou encore *d'un côté à l'autre*. Comme types de ces variétés, nous citerons les pièces suivantes du musée Dupuytren :

N° 210. Fracture du tibia, vers son quart supérieur, oblique de haut en bas, et de dedans en dehors.

N° 210 A. Fracture du tibia, très-oblique en bas et en avant, partant de la limite supérieure de l'os et descendant jusqu'à la jonction du tiers supérieur avec le tiers moyen (Malgaigne).

N° 233 A. Fracture du tibia, vers son quart supérieur, oblique en bas et en avant (Jobert de Lamballe).

Signalons encore une pièce qui est déposée au musée des hôpitaux de Paris, sous le n° 2,186. C'est une fracture du tibia droit, vers son tiers supérieur, en voie de consolidation ; le trait est oblique en bas et en avant ; on constate de plus un chevauchement en avant du fragment supérieur, et une esquille du côté interne.

(1) Gurlt. *Loc. cit.*

Plus rarement l'obliquité est dirigée *en bas et en arrière*, et nous trouvons au musée Dupuytren un bel exemple de cette lésion :

N° 213. Double fracture du tibia, dont l'inférieure est dentelée avec esquilles, et dont la supérieure, fortement oblique en bas, en arrière et en dehors, part de la limite supérieure de l'os, pour descendre jusqu'à la jonction du tiers supérieur avec le tiers moyen (Jobert de Lamballe).

De même, sur une pièce présentée par M. Gosselin à la Société de chirurgie en 1857, on remarquait au tiers supérieur du tibia une fracture oblique en bas et en arrière, formant un V à pointe dirigée en haut, et présentant en face de cette pointe 12 ou 15 esquilles.

Chez un malade, que nous avons eu occasion de voir dans le service de M. S. Duplay (obs. XXXIV), le fragment supérieur et le fragment inférieur se terminaient par une pointe située en avant, grâce à une esquille volumineuse qui occupait en arrière l'espace intermédiaire à ces deux fragments.

Enfin, il peut arriver que le fragment supérieur forme un double V ; c'est ce que prouve une pièce, provenant du service de M. A. Guérin, et présentée par M. Landrieux, à la Société anatomique en 1868. D'ailleurs nous aurons occasion de revenir sur ce cas, dans lequel il y avait fracture articulaire.

Avant de quitter ce sujet, citons encore deux exemples de consolidation vicieuse, que l'on trouve au musée des hôpitaux :

No 2189. Fracture consolidée du tibia droit à son tiers supérieur ; on constate un angle d'environ 140° ouvert en avant.

N° 2191. Fracture du tibia gauche à son tiers supérieur ; consolidation vicieuse avec un angle de 140° environ ouvert en dehors.

Nous ne parlerons pas des cas, dans lesquels le tibia est le siége de fractures multiples, ni de ceux où il est littéralement broyé par la violence du traumatisme. Mais nous désirons attirer l'attention sur deux sortes de lésions que l'on peut rencontrer au tiers supérieur du tibia, c'est-à-dire les fissures de l'os et sa perforation par un projectile.

Les *fissures* ou *fractures longitudinales* ne sont pas extrêmement fréquentes, et elles s'accompagnent assez souvent d'autres lésions traumatiques du tibia, telles que des fractures obliques ou transversales, et surtout des fractures par armes à feu.

Dans un cas de Campaignac (1), il s'agit d'une femme de 38 ans, qui se jeta par une croisée d'un deuxième étage, et mourut sur-le-champ. Le tibia gauche présentait dans son tiers supérieur quatre fêlures longitudinales : une antérieure à trajet oblique et tortueux, s'étendant du milieu de la cavité articulaire interne jusque sur la face externe de l'os, à 13 centimètres au-dessous de l'article ; une autre, située sur la face interne, et deux traits postérieurs à peu près verticaux et parallèles, éloignés l'un de l'autre d'environ 3 centimètres, ne parvenant point en haut jusqu'à la surface articulaire. Ces trois fêlures avaient chacune environ 8 centimètres de long, et n'offraient aucun écartement ; mais la fissure antérieure en présenait un léger, surtout en haut.

Gurlt (2) a figuré une pièce, que lui a communiquée Blasius, et qui représente une fracture longitudinale du tibia, non guérie, descendant sur la face antérieure de l'os notablement au-des sous de sa partie moyenne, et remontant au-dessus de la tubérosité antérieure ; on y remarque d'ailleurs plusieurs traits de fracture sensiblement parallèles.

(1) *Journal hebdomadaire*, 1829, t. IV, p. 115.

(2) E. Gurlt, *Handbuch der Lehre von den Knochenbrüchen*. Frankfurt, 1860-62.

Les exemples de fissures de la partie supérieure du tibia, à la suite de coups de feu, ne manquent pas ; nous en trouvons plusieurs relatés dans la thèse de M. Vaslin (1):

Planche VIII. Tibia frappé obliquement par une balle à l'union du quart supérieur avec les trois quarts inférieurs de la face interne : une fêlure part en haut et en bas de ce point, et gagne la face postérieure ; on observe encore deux autres fêlures parallèles, dont l'une arrive supérieurement jusqu'à l'articulation péronéo-tibiale.

Planche XI. Tibia gauche frappé par une balle sur sa face externe à l'union du tiers supérieur et des deux tiers inférieurs. Fêlures multiples partant de ce point en haut et en bas, et arrivant jusqu'à un ou deux centimètres de l'articulation fémoro-tibiale.

Planche XVI. Eclatement des condyles fémoraux et tibiaux par un éclat d'obus. Une fêlure profonde part, dans l'intérieur de la jointure, de l'épine tibiale qui est écrasée ; elle descend obliquement sur la face postérieure du condyle externe, et s'unit à une 2e fêlure longitudinale, qui part en avant du plateau articulaire, pour descendre sur la face externe du condyle externe. ; ces deux fêlures représentent une sorte de V circonscrivant le condyle externe. De plus, une fêlure transversale comprend toute l'épaisseur de la diaphyse.

Enfin, le musée du Val-de-Grâce renferme plusieurs pièces du même genre. L'une d'elles notamment est un tibia perforé de part en part dans son quart supérieur par une balle ; la perforation est assez nette et accompagnée d'une fente se prolongeant sur la diaphyse ; des végétations se sont développées consécutivement : sur la face postérieure de l'os, la fente et les végéta-

(1) L. Vaslin, *Etudes sur les plaies par armes à feu.* Thèse de Paris, 1871.

tions sont beaucoup plus considérables que sur la face antérieure; on voit dans le trajet de la blessure, des esquilles secondaires qui ne sont pas encore détachées.

La *perforation* de la partie supérieure du tibia par une balle a été observée quelquefois ; ce qui s'explique par le peu d'épaisseur de la substance compacte de l'os en ce point et par le peu de résistance du tissu sous-jacent. Mais cette perforation est rarement isolée, et la plupart du temps, comme dans l'exemple précédent, des fentes s'étendent soit sur la diaphyse, soit dans l'articulation voisine. Cependant, Dupuytren cite un cas de perforation simple chez un jeune conscrit de 1814, blessé à Bar-sur-Aube par une balle qui traversa le tibia à la réunion du tiers supérieur avec le tiers moyen de la jambe gauche ; le blessé vint mourir à l'Hôtel-Dieu, et l'on constata que l'os avait été perforé sans présenter, à l'ouverture d'entrée ou de sortie du canal dont il était creusé, aucune trace de fracture. Il est fort probable que ce genre de lésion ne peut se rencontrer que dans les parties osseuses où le tissu spongieux abonde, et il est douteux, comme le fait remarquer M. Legouest (1), que jamais l'on puisse voir la perforation du fémur ou de l'humérus à leur partie moyenne, ou du tibia à l'union de son tiers moyen avec son tiers inférieur.

ÉTIOLOGIE.

Si nous consultons Malgaigne sur la fréquence des fractures qui nous occupent, nous trouvons que, sur un relevé de 65 fractures de jambe, dont le siége est indiqué, il n'en rencontre que

(1) Legouest, *Traité de chirurgie d'armée.* Paris, 1863.

2 au tiers supérieur ; il faut y ajouter une fracture double, occupant à la fois le tiers supérieur et le tiers inférieur.

Middeldorpf (1), sur 35 fractures des deux os de la jambe n'en a observé qu'une seule au tiers supérieur, sans compter une fracture du condyle externe du tibia.

Relativement à l'âge, Malgaigne nous apprend que c'est de 25 à 60 ans que les fractures en général ont leur plus grande fréquence, et qu'elles diminuent à mesure que l'on s'écarte de cette période de la vie, dans un sens ou dans l'autre. En ce qui concerne les fractures de jambe, sur 515 cas, il n'en trouve qu'un seul à l'âge de 4 ans, 12 de 5 à 15 ans, 57 de 15 à 25 ans. De 25 à 35 ans, ce chiffre double à peu près, et il se maintient dans les âges suivants jusqu'à 60 ans environ. De 60 à 70 ans, il retombe à 61 ; de 70 à 80, il descend à 22 ; enfin, il ne reste que 4 cas concernant les vieillards âgés de plus de 80 ans.

D'après Malgaigne, les hommes sont plus sujets que les femmes aux fractures en général, dans la proportion de 5 à 2 et aux fractures de jambe, dans la proportion de 2 à 1.

Les chiffres de Middeldorpf sont un peu différents. Sur 35 fractures des deux os de la jambe, il compte 29 hommes et 6 femmes, et l'âge moyen de ces différents sujets est de 35 ans.

Reportons-nous maintenant à ce qui a lieu pour les fractures du tiers supérieur du tibia. Sur 38 observations, dans lesquelles on a noté le sexe des sujets, nous comptons 32 *hommes* et 6 *femmes* seulement, c'est-à-dire 5 hommes pour une femme : proportion remarquablement élevée en faveur du sexe masculin.

Nous avons fait également un relevé de l'âge des sujets, et sur

(1) Middeldorpf, *Beiträge zur Lehre von den Knöchenbrüchen*. Breslau, 1853.

un total de 34 cas, dans lesquels il était indiqué, nous sommes arrivé aux résultats suivants :

de 22 à 30 ans.	6 cas.
de 30 à 40 ans.	8 —
de 40 à 50 ans.	8 —
de 50 à 60 ans.	4 —
de 60 à 70 ans.	5 —
de 70 à 75 ans.	3 —

Ces chiffres ne s'écartent pas sensiblement de ceux que donne Malgaigne pour les fractures de jambe. Toutefois, on remarquera que, dans notre tableau, on ne trouve pas un seul cas de fracture du tiers supérieur du tibia au-dessous de l'âge de 22 ans ; et quoique nos chiffres ne soient pas bien élevés, il n'en semble pas moins résulter que cette lésion est rare dans l'enfance et dans l'adolescence.

Etudions maintenant ses causes. Sur 65 fractures de jambe en général, Malgaigne en compte 35 par cause directe, et 30 par cause indirecte. Ces dernières occupent surtout la partie inférieure de l'os ; quelques-unes siégent à la partie moyenne.

Quant aux fractures directes, on les rencontre plus souvent à la partie moyenne qu'à la partie inférieure ; et c'est dans cette atégorie qu'il faut faire rentrer les fractures du tiers supérieur. « D'après ces chiffres, ajoute Malgaigne, les fractures du tiers supérieur, à beaucoup près les plus rares de toutes, seraient uniquement produites par des causes directes. »

Voyons ce qu'il faut penser de cette conclusion. Nous éliminerons tout d'abord les fractures dites *spontanées*, qui sont dues à une fragilité anormale de l'os, résultant soit d'une lésion de cet os, soit d'une affection générale, qui a son retentissement de ce côté.

Ainsi Middeldorpf cite un homme de 63 ans, qui, atteint d'un carcinome de la partie supérieure du tibia, se fit, en se levant, une fracture à 2 1/2 pouces au-dessous des surfaces articulaires, sans la moindre douleur.

J. Cloquet et A. Bérard (1), ont vu survenir, à la suite d'un mouvement, une fracture de l'extrémité supérieure du tibia et du péroné chez une femme âgée, retenue depuis longtemps au lit par une affection cancéreuse.

Webzter (2), a observé chez un jeune matelot une fracture du tibia au-dessous de la rotule, due à la présence d'un kyste hydatique. Des accidents graves rendirent l'amputation nécessaire, et l'on trouva dans le tibia une cavité remplie d'hydatides et de sanie; la tête et la partie supérieure de l'os avaient leur tissu raréfié ; la fracture n'était pas consolidée.

Enfin, un malade de Caspary (3), âgé de 26 ans, et bien portant, s'est fait une fracture du tiers supérieur du tibia, pendant qu'il se promenait dans sa chambre ; cet homme avait eu, 6 ans auparavant un chancre mou, mais sans accidents secondaires ; de plus, pendant les derniers mois, qui avaient précédé son accident, il avait souffert de douleurs rhumatismales avec crampes dans le mollet du côté fracturé.

Dans tous ces cas, il existait évidemment une altération préalable des os, et il est peu probable que l'action musculaire seule puisse déterminer une fracture du tiers supérieur sur un tibia sain. Cependant Velpeau cite un cas de ce genre que Béclard aurait observé à l'hospice de l'Ecole, en 1825; mais d'une part, il paraît que cette fracture siégeait au-dessus de l'articulation

(1 Dictionnaire en 30 volumes, art. *Fractures de jambe*.
(2) *N. England Journ. of med. and surg.*, 1819, Davaine, p. 553.
(3) *Berl. klin. Wochenschr.*, 1867, nº 4.

tibio-péronière supérieure ; d'autre part, en l'absence de tout détail, on ne saurait se baser sur ce fait. Gurlt, qui a réuni 8 cas de fractures de jambe par action musculaire, dont 4 affectent les deux os, 1 le tibia seul, et 3 le péroné seul, a toujours trouvé le tibia brisé à sa partie moyenne ou inférieure.

Nous avons vu que Malgaigne considérait la fracture du tiers supérieur du tibia comme succédant d'une façon constante à une cause directe ; il se conformait en cela aux idées de son époque. C'est M. le professeur Richet, qui, le premier, a prouvé que les causes indirectes pouvaient également la produire : il observa le premier cas de ce genre en 1865, et, depuis cette époque, plusieurs faits semblables ont été vus, tant par lui que par d'autres chirurgiens. Cette idée a été développée par M. Cazeneuve, dans sa thèse (1875), et cet auteur, qui a fait, au point de vue de l'étiologie, un relevé de 48 cas, est arrivé aux résultats suivants.

Il a trouvé 34 fractures directes, et 7 fractures indirectes ; 7 fois, la cause n'avait pas été indiquée. Sur 34 fractures directes, 9 sont dues à des projectiles de guerre, 8 au choc de divers corps sur la jambe, 7 au passage d'une roue de voiture, 4 à des chutes sur le genou, 2 à un coup de pied de cheval, 1 à l'action d'un engrenage; il faut y ajouter 3 fractures comminutives, dont la cause n'est pas indiquée. Quant aux fractures indirectes, elles se sont toujours produites, d'après M. Cazeneuve, dans un mouvement de rotation autour de la jambe restée fixée par le pied, tandis que s'exerçait en même temps l'action musculaire du triceps. Somme toute, si l'on défalque les blessures par projectiles de guerre, on arrive, dans cette statistique, à un total de 25 fractures directes, pour 7 fractures indirectes.

Il faut remarquer que ces chiffres comprennent indistinctement les fractures du tiers supérieur du tibia, et celles de l'extrémité supérieure. Nous avons fait, de notre côté, un relevé, dans lequel nous ne faisons entrer en ligne de compte que les fractures du tiers supérieur, et en laissant de côté les fractures par armes à feu, ainsi que les fractures spontanées.

Sur un total de 31 cas, pour lesquels la cause est indiquée, nous avons noté 16 fractures directes et 4 fractures indirectes, dans lesquelles le mécanisme n'est pas contestable ; enfin, 11 cas douteux, dont 8 semblent se rapporter à une cause directe, et 3 à une cause indirecte. En ajoutant ces cas aux précédents, l'on arrive à une somme de 24 *fractures directes,* pour 7 *fractures indirectes* : chiffres presque semblables aux précédents.

Entrons dans quelques détails. Parmi les *causes directes,* nous avons noté 9 fois le choc d'un corps dur, tel qu'une pierre, une poutre, etc., contre la jambe ; 5 fois celle-ci a été prise sous une roue de voiture, et dans 6 autres cas, le sujet ayant été renversé par une voiture, il faut admettre la même cause, bien qu'elle ne soit pas formellement indiquée. Un coup de pied de cheval est, dans 2 cas, la cause de la fracture. Enfin, les deux derniers faits ont rapport à des chutes d'une certaine hauteur, dans lesquelles le mécanisme par cause indirecte semble peu probable, et où l'on doit supposer que la partie supérieure du tibia a porté directement contre un corps résistant.

Quant aux *causes indirectes,* 2 fois le pied s'est trouvé retenu par un obstacle, tandis que le corps était projeté en avant en même temps que le sujet faisait effort pour se dégager. Une chute sur le talon est nettement la cause de la fracture dans un cas, et un deuxième fait semble se rapporter au même mécanisme. Enfin, une malade tombant sur le côté droit, a senti sa jambe droite ployer sous elle, et celle-ci s'est trouvée prise entre le sol et le reste du corps. C'est à ce même mode, selon toute probabilité, qu'il faut rattacher 2 cas douteux.

En somme, ces fractures indirectes peuvent être ramenées à deux types. Lorsqu'il y a chute sur le talon, le tibia pressé à ses deux extrémités par des forces contraires, qui tendent à exagérer sa courbure, se brise sous cet effort. Le mécanisme est tout différent dans le cas où, le pied restant fixé, le corps se trouve projeté en avant; ici l'on est en présence d'une vraie *fracture par arrachement.* Enfin, quand le membre se plie simplement sous le poids du corps dans un faux pas, le mécanisme n'est autre chose qu'une combinaison des deux précédents.

M. Cazeneuve, qui n'admet que la fracture indirecte du tiers supérieur du tibia par arrachement, et ne mentionne pas le premier mode, attribue la fracture à la torsion de l'os, combinée avec l'action musculaire. En effet Bonnet, de Lyon (1), dans ses expériences, a constaté que la rotation exagérée de la jambe sur la cuisse produit la fracture du tibia à sa partie moyenne et du péroné à sa partie supérieure; sur 15 expériences, cette fracture a été observée 14 fois, une seule fois il y a eu une sorte de luxation incomplète. Bonnet expérimentait de deux façons: ou il se servait du pied comme d'un levier, le saisissant par sa partie antérieure et par le talon, et lui imprimait un mouvement violent de rotation en dedans ou en dehors; ou bien il serrait fortement la jambe entre les branches d'un étau, et transportait ensuite à droite ou à gauche la cuisse demi-fléchie. Or, dit M. Cazeneuve, si sur le vivant la fracture, qui succède à la torsion du tibia, siége au tiers supérieur, tan-

(1) Bonnet, *Traité des maladies des articulations.* Paris, 1845, t. II, p. 189.

dis que sur le cadavre elle occupe la partie moyenne, on ne peut imputer cette différence qu'à l'action musculaire qui s'exerce dans un cas, tandis qu'elle manque dans l'autre.

Nous nous bornons à mentionner cette théorie, qui peut paraître contestable. Elle s'appuie sur les cas où les sujets, ayant le pied retenu par un obstacle, et le corps projeté en avant, ont essayé de se dégager par un mouvement de torsion. Mais on peut objecter que, dans ces cas, l'on n'est pas en présence d'une simple torsion comme dans les expériences de Bonnet; qu'il s'y joint un mouvement de projection du corps en avant, dont le résultat est d'exagérer l'extension de la jambe sur la cuisse; et que peut-être la fracture est la conséquence de cette combinaison de forces. Ce qui semble probable, c'est que la torsion seule ne saurait produire la fracture du tiers supérieur du tibia. Nous verrons d'ailleurs, à propos des fractures de l'extrémité supérieure de l'os, que les autres mouvements forcés de la jambe sur la cuisse ne peuvent briser le tibia que dans le voisinage immédiat de l'articulation du genou, et cela seulement dans des conditions spéciales.

Nous ne quitterons pas ce sujet sans faire une remarque. Soit que la fracture du tiers supérieur du tibia résultât de l'arrachement, soit qu'elle se produisît par la pression en sens contraire sur les deux extrémités de l'os, le siége a toujours été voisin de la tubérosité antérieure, lorsque la fracture était indirecte. Il n'est pas question ici, bien entendu, des fractures de l'épiphyse supérieure du tibia, qui feront l'objet de la deuxième partie.

SYMPTOMATOLOGIE.

Nous passerons rapidement sur les symptômes que l'on rencontre dans toutes les fractures, et qui n'offrent ici aucune particularité spéciale. Un *craquement* a été entendu par le blessé, dans certains cas, au moment de l'accident. La *douleur* est un phénomène à peu près constant, et dans les premiers jours, par suite de la grande tension des tissus, les souffrances du malade sont souvent très-vives. Bien que l'*impuissance du membre* fasse rarement défaut, il peut arriver cependant qu'une certaine pénétration des fragments permette quelques pas au blessé.

La *mobilité contre nature* est parfois d'une constatation difficile, et il est arrivé même qu'on n'ait pu la produire. Ce fait ne doit pas étonner outre mesure, si l'on songe à l'intégrité possible du péroné, à l'absence fréquente de déplacement, et au gonflement extrême du membre qui gêne les manœuvres du chirurgien; si l'on considère d'ailleurs qu'une thérapeutique prudente commande de ne pas trop insister sur ces tentatives. La *crépitation* manque dans un certain nombre de cas, et il faut chercher la cause de ce phénomène dans la nature spongieuse des parties fracturées, et dans l'épanchement sanguin qui vient s'interposer entre les fragments.

Le symptôme véritablement spécial de la fracture du tiers supérieur du tibia est l'*enorme épanchement* qui se montre dès le début. Les tissus sont fortement distendus dans la partie supérieure de la jambe et dans la région du genou; ils sont le siége d'un empâtement particulier, qui n'est ni celui du phlegmon, ni celui de l'œdème; en même temps ils prennent une teinte ecchymotique très-caractérisée.

L'époque d'apparition de ces phénomènes n'est pas constante : en général le *gonflement* se manifeste immédiatement, et il atteint son maximum au bout de peu de temps; cependant il peut mettre plus de lenteur à se produire, et n'apparaître par exemple que le lendemain de l'accident. Quant à l'*ecchymose*, on ne la constate pas d'ordinaire dans les premiers moments, à moins qu'il n'y ait eu violence directe ; on trouve dans ce cas une infiltration sanguine au point d'application du coup. Mais l'épanchement sanguin, qui se fait au foyer de la fracture, met un certain temps à arriver jusque sous la peau, et dans les premières heures, quelquefois même pendant les premiers jours, il ne trahit sa présence que par le gonflement du membre. A partir du moment où se produit l'ecchymose, on la voit s'étendre progressivement et envahir de proche en proche des surfaces souvent considérables; on l'a vue occuper la presque totalité de la jambe, et même remonter le long de la cuisse et jusque dans la région lombaire. Il n'est pas rare non plus que le membre se couvre de phlyctènes remplies d'un liquide séreux ou séro-sanguinolent.

L'articulation du genou n'est pas épargnée par le traumatisme. Lors même qu'il n'existe aucune communication entre elle et la fracture, on observe fréquemment une *distension du genou* analogue à celle de l'hydarthrose; ce gonflement est immédiat ou du moins apparaît rapidement. Il est produit par un épanchement de sang ou de sérosité dans l'intérieur de l'article, et ne doit pas être confondu avec le gonflement qui peut résulter du développement d'une arthrite. Il nous semble que cet épanchement, lorsqu'il n'est pas dû à la contusion de la jointure, est de même nature que celui qu'a signalé M. Gosselin dans les fractures du fémur.

Quant au *déplacement*, il est impossible de tracer à son sujet une règle fixe : le mécanisme qui a présidé à la fracture paraît exercer sur la position des fragments une influence beaucoup plus marquée que la direction même du trait de fracture ou le niveau de la solution de continuité; et, en effet, si l'on parcourt les observations de fractures du tiers supérieur du tibia, l'on constate que des cas, fort semblables au point de vue de la lésion osseuse, diffèrent complètement au point de vue du déplacement.

Il est fréquent tout d'abord que le *déplacement soit nul*, et cette particularité s'observe surtout lorsque le péroné a conservé son intégrité et remplit, pour ainsi dire, comme le fait remarquer Boyer, l'office d'attelle par rapport au tibia. La direction transversale de la fracture et son siége en un point élevé du tibia, où les fragments se touchent par des surfaces très-larges, sont pour le même auteur, ainsi que pour J. Cloquet et A. Bérard, d'autres conditions favorables au maintien des fragments en place. Cloquet et Bérard citent l'exemple d'un soldat polonais, atteint d'une fracture de la partie supérieure du tibia, et chez lequel le déplacement ne se manifesta que quinze jours après l'accident et tandis que le malade s'exerçait à marcher. M. le professeur Richet raconte que, dans une séance de concours de clinique, la moitié des juges déclara qu'il n'y avait pas de fracture, l'autre moitié affirmant, avec le chef de service qui l'avait constatée le matin, que la solution de continuité existait positivement à la partie supérieure du tibia.

Lorsqu'il y a déplacement, l'un de ceux que l'on observe le plus souvent est la *projection en avant du fragment supérieur*, tandis que le fragment inférieur est attiré en arrière; cette déformation est due, indépendamment de l'influence du mécanisme de la fracture et de sa direction, à l'action des muscles rotuliens sur le premier fragment, et des muscles gastrocnémiens sur le second ; elle s'exagère en général par la flexion de la jambe sur la cuisse. Le déplacement inverse, c'est-à-dire la *saillie du fragment inférieur* au-dessus du niveau du fragment supérieur, a cependant été observée un certain nombre de fois.

D'autre part, Boyer dit avoir vu une fracture de la partie supérieure du tibia, produite par un coup de pied de cheval dans laquelle les fragments avaient éprouvé un déplacement assez grand suivant la direction de l'os; il fut impossible d'y remédier, en sorte que le tibia resta *cambré dans sa partie antérieure*. Dans un cas communiqué à l'Académie de médecine en 1845 par M. Bouygues, d'Aurillac, la concavité antérieure était plus prononcée encore, et le fragment inférieur avait passé dans le jarret, déterminant un raccourcissement de 9 à 12 centimètres.

Des *déplacements latéraux* ont également été observés. Chez un malade de M. Lefort, cité par M. Bérenger-Féraud (1), le fragment supérieur était porté en dehors et en avant, le fragment inférieur en dehors et en arrière. Dans un autre cas, M. Richet (2) a trouvé la jambe pliée en dehors formant un angle dont le sommet se trouvait au niveau du condyle interne du tibia.

Enfin, la *rotation de la jambe en dehors* s'est rencontrée dans un certain nombre d'observations. Quant au *chevauchement*, il est tout à fait exceptionnel.

Nous ajouterons que quelquefois, lorsque le gonflement ne gêne pas trop l'exploration, on constate au niveau du point fracturé l'existence d'une *rainure* ou d'une dépression, sans qu'il y ait d'ailleurs d'autre déformation.

Nous ne quitterons pas la symptomatologie de ces fractures' sans dire un mot de leurs complications. Les plaies des tégu-

(1) Bérenger-Féraud, *Traité des fractures non consolidées*. Paris, 1871.
(2) Richet, *Cliniques de l'Hôtel-Dieu*, in *Union médicale*, 1875.

ments, communiquant avec le foyer de la fracture, les hémorrhagies, l'emphysème ne donnent lieu ici à aucune considération spéciale. Mais la *gangrène* ne semble pas très-rare dans ce genre de lésion, et il faut en chercher la raison dans la violence du traumatisme qui occasionne la fracture, dans la position superficielle du tibia qui facilite la compression des téguments entre l'os et le corps contondant, enfin, dans l'énorme épanchement sanguin qui infiltre les tissus. Une autre complication qui mérite d'attirer l'attention est l'*arthrite du genou*, qui quelquefois se produit à la suite de l'épanchement qui s'est fait dans cette jointure ; il est rare d'ailleurs que cette arthrite devienne purulente, à moins qu'il n'y ait communication entre l'article et la fracture.

Diagnostic.

Il est des cas où le diagnostic de la fracture du tiers supérieur du tibia s'impose ; c'est ce qui a lieu lorsqu'il existe un déplacement évident. En effet, comme il ne s'agit ici que des fractures qui siégent dans la portion de l'os, située au-dessous de la tubérosité antérieure, la confusion avec une *luxation du tibia* n'est pas possible à moins d'une extrême inattention.

Lors même qu'il n'y a pas de déplacement, si la mobilité et le crépitation sont perceptibles, le diagnostic se trouvera assuré. Mais nous avons vu que la crépitation manque souvent, et qu'il arrive même qu'on ne puisse percevoir aucune mobilité anormale. Dans ce cas, quelles seront les lésions auxquelles on pourra songer ?

Dans la fracture, les symptômes dominants sont le gonflement et l'ecchymose, et ces symptômes sont d'habitude fort prononcés. Mais ils existent également dans la *contusion*. Un épanchement dans l'articulation est possible aussi dans les deux cas, et le diagnostic peut présenter des difficultés sérieuses. Cependant si la fracture est indirecte, les commémoratifs permettront d'éliminer la contusion; et comme dans *l'entorse du genou* le gonflement a un siége différent et se trouve localisé aux environs immédiats de la jointure, on sera amené à admettre une fracture, même en l'absence de tout autre signe.

Mais s'il s'agit d'une violence directe, comment évitera-t-on la confusion? Il faut remarquer que, si la douleur est vive dans les deux cas, le blessé peut cependant soulever son membre, en surmontant sa souffrance, lorsqu'il n'a qu'une simple contusion; tandis qu'il est bien exceptionnel qu'il puisse agir de même, en cas de fracture. D'autre part, si la crépitation manque assez souvent, le plus ordinairement il est possible de percevoir la mobilité. Lorsque le gonflement le permettra, on pourra encore suivre la crête du tibia avec le doigt, et constater directement la solution de continuité. Dans la contusion enfin, la douleur sera plus diffuse, plus généralisée; dans la fracture elle sera plus vive en un certain point, toujours le même, que l'on pourra déterminer par la pression du doigt.

En s'aidant de tous ces moyens d'exploration, il est rare que l'on méconnaisse une fracture; d'autant plus que, d'une manière générale, le diagnostic n'est pas bien difficile, contrairement à ce qui a lieu pour les fractures plus voisines de l'articulation du genou.

Un symptôme qui a son importance, bien que nous ne l'ayons pas trouvé mentionné dans les observations que nous avons parcourues, consiste dans les *soubresauts de la jambe*. Malgaigne le donne comme presque caractéristique des fractures du tibia, et il n'est pas douteux qu'on puisse le rencontrer dans celles de la partie supérieure de l'os.

Lorsqu'on aura posé le diagnostic de la lésion, il restera à savoir quel est son siége, quelle est sa direction ou sa forme, quelles sont ses complications, quel est l'état du péroné. Sur tous ces points, si les moyens d'exploration indiqués précédemment n'ont pas tranché la question, il serait téméraire d'insister. Lorsqu'il n'y a pas de déformation, il ne faut pas en produire, et les manœuvres du chirurgien, destinées à asseoir son diagnostic, pourraient fort bien aggraver l'état du malade, et créer des complications nouvelles. Mieux vaut donc attendre quelques jours, jusqu'à ce que le gonflement soit passé ; il sera possible alors de constater plus exactement l'état des parties, sans risquer de compromettre la guérison.

Pronostic.

Les fractures du tiers supérieur du tibia ont un pronostic sérieux. Sur un total de 39 cas que nous avons rassemblés, nous avons trouvé 26 guérisons, 7 amputations et 6 morts ; nous ne tenons pas compte, dans ces chiffres, des blessures par armes à feu. Toutefois on ne saurait admettre une proportion aussi défavorable ; car beaucoup de cas malheureux sont publiés par le fait même qu'ils ont présenté des particularités remarquables ; et ils fussent restés ignorés si leur marche avait abouti normalement à la guérison.

Quoi qu'il en soit, étudions les causes qui ont déterminé une issue malheureuse. Nous pouvons éliminer les cas de fractures comminutives, et les fractures avec communication articulaire:

la gravité des premières est évidente ; et quant aux secondes, il en sera question dans la deuxième partie de ce travail.

Deux observations concernent des *vieillards* : l'une a trait à un homme de 75 ans, qui, ayant eu la jambe prise sous une roue d'omnibus, se fit une fracture un peu au-dessous de la tubérosité antérieure et qui mourut au bout de deux jours, dans le service de Laugier, bien qu'il n'existât pas de complication du côté de sa fracture. L'autre concerne une femme de 73 ans qui fut également renversée par une voiture; elle se fit une fracture de jambe au tiers supérieur, ainsi qu'une seconde fracture située plus bas, et mourut le troisième jour dans le service de M. Trélat. Ce dernier cas est moins probant que le précédent ; mais il n'en semble pas moins certain que, chez les personnes âgées la fracture du tiers supérieur du tibia est une lésion excessivement grave.

La *réaction inflammatoire* est quelquefois assez vive, même en l'absence de plaie communiquant avec la fracture, pour déterminer la suppuration au foyer de celle-ci et la nécrose des extrémités des fragments. Il est inutile d'insister sur la gravité de cette complication.

Chez quelques blessés, des *hémorrhagies* sont venues compliquer la fracture et dans certains cas elles ont nécessité l'amputation.

Baudens raconte l'histoire d'un homme de 26 ans, qui eut la jambe fracturée au tiers supérieur par un coup de pied de cheval ; il y eut plaie et esquilles ; des hémorrhagies répétées conduisirent à la ligature de la fémorale, et finalement à l'amputation.

Huguier dut amputer également pour des hémorrhagies répétées, un homme atteint de fracture de la jambe, vers le quart supérieur ; le malade succomba aux suites de l'opération.

Une complication, qui semble plus fréquente, est la *gangrène*; elle peut résulter de la déchirure d'un vaisseau important, ou se produire en l'absence de lésion vasculaire, sous l'influence de l'énorme épanchement sanguin et de la violence de la contusion.

M. Bouygues a dû amputer le dix-neuvième jour une femme atteinte de gangrène de la jambe, à la suite d'une fracture du tiers supérieur, dans laquelle le fragment inférieur faisait saillie sous la peau du arret; à l'examen du membre, il trouva les vaisseaux intats.

Au Gros-Caillou, dans le service de M. Marit, un militaire atteint d'une fracture du tibia au niveau de la tubérosité antérieure, mourut de gangrène le vingt-cinquième jour; de plus on rencontra du pus dans l'articulation du genou.

D'autre part, Black, qui dans un cas semblable fit l'amputation le huitième jour, sans réussir à sauver son malade, reconnut à l'examen du membre, que l'artère tibiale postérieure était déchirée.

A côté de ces faits malheureux, on trouve la relation d'un certain nombre de cas de fractures compliquées de plaies et suivies de guérison. M. Sédillot (1), après la bataille de Reichshoffen a même obtenu des résultats remarquables. Dans un milieu où les amputations de cuisse fournissaient à peine un tiers de succès, les fractures d'un seul os de la jambe ont généralement guéri et donné des succès assez rapides. A l'appui de cette proposition, M. Sédillot cite 14 observations de fractures du tibia seul, dont 7 au tiers supérieur; tous ces faits se sont terminés par la guérison, à l'exception de deux d'entre eux,

(1) *Archives générales de médecine*, 1871, série VI, t. XVII)I).

dont le résultat est douteux. L'auteur ajoute, il est vrai, qu'il a rencontré peu d'exemples de consolidations heureuses dans les cas de fractures des deux os.

Mais laissons de côté les complications de ces fractures pour étudier les cas simples. Ici il est un fait qui frappe tout d'abord, c'est la *lenteur de la consolidation*. Depuis que Laugier a attiré l'attention sur ce point, vers 1850, de nombreux observateurs ont pu vérifier l'exactitude de ses assertions. Tandis que la consolidation d'une fracture de la partie moyenne ou de la partie inférieure n'exige pas plus de quarante jours à deux mois, il faut compter à peu près le double de temps pour les fractures du tiers supérieur.

Sur un total de 22 cas, dans lesquels nous avons trouvé noté le moment de la guérison, le minimum de la durée a été de cinquante-sept jours, le maximum de huit mois. Le temps nécessaire pour la consolidation dans ces observations est d'ailleurs représenté par les chiffres suivants :

2 mois	4 cas.
3 mois	5 »
4 mois	7 »
5 mois	3 »
6 mois 1/2.	2 »
8 mois	1 »

A ne considérer que ces résultats, la fracture que nous étudions demanderait en moyenne *quatre mois* pour se consolider. Mais nous ferons observer que cette moyenne, basée sur les cas publiés est, selon toute probabilité, trop élevée; les auteurs faisant connaître de préférence les faits qui les ont frappés, et, dans le cas particulier, les faits à consolidation tardive. Aussi croyons-nous nous rapprocher de la vérité en fixant la durée moyenne du travail de consolidation *entre trois et quatre mois* .

Cette lenteur de la guérison s'observe à toutes les hauteurs du tiers supérieur du tibia, depuis la tubérosité antérieure jusqu'au trou nourricier. Toutefois, pour les fractures siégeant au niveau même de la tubérosité antérieure, la durée la plus courte que nous ayons trouvée notée, est de quatre mois; et il semble que la consolidation soit d'autant plus lente que la lésion siége plus haut. Nous ne parlons pas ici, d'ailleurs, des fractures qui se font au-dessus de la tubérosité ; nous nous en occuperons plus loin.

Nous ajouterons que, dans les fractures du tiers supérieur du tibia, les *récidives* sont fréquentes, même sous l'influence d'une force minime.

Chez un malade de Richard, la consolidation mit huit mois à se faire, et, comme à ce moment on voulait imprimer quelques mouvements au genou, la fracture se reproduisit. Un homme de 46 ans, observé par M. Marc Sée, n'eut son membre consolidé qu'au bout de quatre mois ; le genou resta raide, et cet homme entra dans un autre hôpital, où l'on essaya de mobiliser la jointure ; il en résulta une récidive de la fracture le 153e jour. Enfin nous avons eu occasion de voir dans le service de M. S. Duplay une femme, chez qui la récidive eut lieu au bout de trois ans à la suite d'un faux pas avec chûte ; la lésion première avait mis quatre mois à guérir.

Nous ne parlerons pas des cals difformes, qui se rencontrent ici sans donner lieu à des considérations particulières. Mais nous ferons remarquer que les *pseudarthroses* ne sont pas rares dans ce genre de fracture. Dans le traité de M. Bérenger-Féraud (1), nous trouvons 242 observations de fractures de jambe non consolidées ; le siége de la lésion est indiqué à peine dans la moitié des faits. Or la fracture est notée comme siégeant au tiers supérieur dans 23 cas, c'est-à-dire une fois sur dix, et même une fois sur cinq, si l'on néglige les faits dans lesquels le siége n'est pas consigné. Cette proportion est certainement très-forte, étant donnée la rareté relative des fractures du tiers supérieur de la jambe.

D'après ce que nous venons de dire, on comprendra facilement que les *raideurs articulaires* sont une conséquence fréquente de ces fractures. Celles-ci en effet exigent une immobilité de plusieurs mois, et, vu leur siége élevé sur la jambe, le genou doit être compris dans l'appareil. D'autre part l'articulation est souvent distendue par un épanchement, ou même plus ou moins enflammée ; et ces circonstances favorisent encore la production d'une ankylose.

Abstraction faite des raideurs, les malades sont exposés encore à toutes les conséquences d'un long séjour au lit, à une convalescence lente et dans certaines circonstances à des eschares de décubitus.

Maintenant que nous avons exposé les faits, tâchons d'en trouver l'explication. Pourquoi le cal s'organise-t-il avec cette lenteur ?

On ne peut accuser ni l'obliquité de la fracture, ni l'écartement des surfaces de section ; la fracture, en effet, est souvent transversale, et les fragments, par suite de la largeur de leur surface de section, restent assez exactement affrontés.

Est-ce la situation superficielle du tibia qui est en cause ? Il

(1) Bérenger-Féraud, *Traité des fractures non consolidées ou pseudarhroses*. Paris, 1871.

est certain que les tissus qui entourent les os contribuent à la formation du cal ; mais la suppression de leur influence ne saurait à elle seule rendre compte de la lenteur extrême de la consolidation. D'autre part, le tibia n'est sous-cutané qu'au niveau de sa face interne, sauf dans sa partie toute supérieure dont il n'est pas question en ce moment ; et la même objection se présenterait pour les fractures des parties moyenne et inférieure, dont la consolidation est pourtant rapide.

La direction de l'artère nourricière du tibia aurait-elle une influence sur le travail de consolidation?

Guéretin (1), partant de cette loi physiologique établie par A. Bérard : « Des deux extrémités d'un os long, c'est toujours celle vers laquelle se dirige le conduit nourricier qui se soude la première avec le corps de l'os, » a recherché si cette rapidité plus grande du travail d'union physiologique se répéterait pour la réunion soit des épiphyses décollées, soit des fractures ; et par suite si le cal osseux ne manquerait pas plus souvent dans les fractures situées du côté opposé à la direction du vaisseau nourricier. Or, d'après ses recherches, sur un total de 35 fausses articulations qu'il a réunies, 10 seulement siégaient dans la région osseuse parcourue par l'artère, et 25 dans la région opposée, et ces chiffres semblent favorables à sa théorie.

Mais d'autre part, Norris est arrivé à des conclusions absolument différentes. Sur un total de 41 pseudarthroses dont le siége était bien indiqué, il en a trouvé 27 dans la direction des artères osseuses, et 14 seulement dans la direction opposée. Si l'on réunit les deux tableaux, comme le fait Malgaigne, on arrive à une somme de 76 cas, sur lesquels 37 occupent un côté

(1) *Presse médicale*, 1837.

des os, 39 l'autre côté, c'est-à-dire à un partage à peu près égal.

Il faut remarquer d'ailleurs que l'extrémité supérieure du tibia tire sa vascularité, non pas des branches de l'artère nourricière, mais bien des nombreux rameaux qui pénètrent directement dans la partie supérieure de l'os; et ce n'est certes pas le manque d'afflux sanguin que l'on peut accuser du retard de la consolidation.

On a songé encore à la lésion des nerfs, qui pénètrent dans l'os par le trou nourricier, et qui joueraient un rôle trophique; mais c'est là une pure hypothèse. Quant à l'action du liquide synovial, il est inutile d'en parler, parce que les fractures dont il est question ne communiquent pas avec la jointure. L'absence de canal médullaire dans la portion supérieure de l'os ne mérite pas davantage de nous arrêter, attendu qu'il est généralement admis que, dans le tissu spongieux, les fractures se cicatrisent plus rapidement que dans les diaphyses des os longs.

Une dernière cause se présente à l'esprit. L'extrémité supérieure du tibia est extrêmement vasculaire, à tel point que M. le professeur Richet, dans un mémoire sur les tumeurs vasculaires des os (1), a pu dire que cette portion osseuse était la plus vasculaire parmi tous les os de l'économie. Lorsqu'une fracture siége en ce point, il en résulte un épanchement de sang énorme entre les surfaces fracturées, et cet épanchement est vraisemblablement la cause, qui retarde la formation du cal. Velpeau avait mis cette idée en avant, mais il accusait en même temps la situation de l'artère nourricière. M. Richet (2)

(1) *Archives générales de médecine*, 1864 et 1865.
(2) Cliniques de l'Hôtel-Dieu, in *Union méd.*, 1875.

considère la présence du sang veineux en grande quantité, comme l'obstacle à la consolidation. M. Poncet professe la même opinion. En somme, il ne paraît plus guère y avoir de doute sur ce point, et de plus amples développements nous semblent inutiles.

TRAITEMENT.

Nous ne dirons qu'un mot du traitement, qui se confond avec celui des fractures de la partie moyenne de la jambe. Dans les premiers jours, le gonflement du membre, qui est susceptible d'augmenter, obligera à n'employer que des moyens contentifs qui n'exercent pas de constriction, tels que l'appareil de Scultet ou une simple gouttière; cette dernière aura l'avantage de permettre des applications résolutives ou émollientes, et de faciliter la surveillance. Un appareil inamovible pourra être appliqué, dès que le gonflement aura disparu; mais, comme la lésion siége fort haut sur la jambe, il sera nécessaire d'immobiliser en même temps le genou, et de faire remonter l'appareil sur la partie inférieure de la cuisse.

Quelle position faut-il donner au membre ? Dans les cas assez nombreux, où le fragment supérieur est soulevé par les muscles rotuliens, et où la flexion exagère le déplacement, tandis que l'extension le supprime, il n'y a pas de doute : c'est à l'extension qu'il faut avoir recours. Mais dans les cas où la position est sans influence sur le déplacement, faut-il renoncer à l'extension, par ce motif qu'elle favorise la production d'une ankylose, ankylose que font redouter déjà l'immobilité absolue de l'articulation et la longue durée du traitement, sans parler de l'épanchement articulaire et du développement possible d'une arthrite ? Malgaigne est de cet avis, et il recommande une légère flexion du genou dans ces cas. Il ajoute que, si l'extension ne suffisait pas pour remédier au déplacement, en cas de saillie du fragment supérieur, il préférerait de beaucoup placer le membre dans une flexion légère sur le double plan incliné, et réprimer la saillie du fragment à l'aide de la vis qu'il emploie. Cette position a l'avantage d'augmenter les chances favorables, au point de vue de la raideur articulaire ; et si celle-ci venait à se produire néanmoins, le malade ne serait pas pour cela privé de l'usage de son membre.

Enfin, il sera prudent d'imprimer le plus tôt possible des mouvements à l'articulation du genou, mais en y mettant une grande réserve, et en prenant son point d'appui sur la jambe au-dessus du niveau de la fracture, de peur d'amener une récidive.

TABLEAU DES OBSERVATIONS.

I. Aston-Key (*Gazette médicale de Paris*, 1833, p. 720). — Homme de 33 ans ; chute sur le talon. Fracture des deux os de la jambe au tiers supérieur ; fragments supérieurs en arrière, fragments inférieurs en avant.

II. Syme (*Archives générales de médecine*, série II, t. 11, 1836, p. 97). — Homme de 34 ans ; choc d'une pierre contre la jambe. Fracture du tibia immédiatement au-dessous du ligament rotulien ; fragment supérieur attiré en avant, surtout dans la flexion. Epanchement abondant dans l'articulation, l'espace poplité et les tissus voisins de la fracture. Immobilisation dans l'extension.

III. Jobert de Lamballe (*Archives gén. de méd.*, série II, t. XIV, 1837, p. 438). — Homme de 48 ans. Fracture transversale de la jambe, à la jonction du quart supérieur avec les trois quarts inférieurs, avec petite plaie en avant. Guérison au bout de cent quinze jours.

IV. Bouygues, d'Aurillac (*Bulletin de l'Acad. de méd.*, t. XI. 1845. p. 26). — Femme de 37 ans, renversée par une voiture ; le poids de celle-ci tombe sur la jambe gauche, étendue, portant à faux supérieurement, au-dessus d'un sillon, et croisée par le manche d'une fourche à la hauteur de l'épine du tibia. Fracture des deux os ; fragment inférieur repoussé dans le jarret. Concavité antérieure du membre ; raccourcissement de 9 à 12 centimètres. Gangrène; amputation de la cuisse le 19e jour. Vaisseaux intacts ; infiltration considérable de sang et de pus. Guérison.

V. Middeldorpf (*Beiträge zur Lehre von den Knochenbrüchen*; Breslau, 1853). — Homme de 63 ans. Apparition d'une petite grosseur à quatre travers de doigt au-dessous du genou gauche ; au bout d'un mois et demi, fracture spontanée du tibia au-dessous de cette place. Mort après vingt-deux semaines. La fracture siége à 2 pouces 1/2 au-dessous des surfaces articulaires; à partir de ce point, et sur une longueur de 5 pouces, carcinome du tibia.

VI. Harvey-Jewet (Bérenger-Féraud, *Traité des fractures non consolidées*; Paris, 1871. Extrait de *Buffalo med. Journ.*, mai 1853). — Homme de 30 ans ; pris sous une pierre. Fracture du tibia au tiers supérieur, et du péroné au tiers inférieur. Plan incliné. Au bout de douze semaines, pas de consolidation du tibia. Perforations dans les fragments à l'aide d'une alène ; guérison au bout de cinq mois et demi, à partir de l'accident.

VII. Depaul (thèse de Laborderie ; Paris, 1854). — Homme de 40 ans. Fracture transversale de l'extrémité supérieure du tibia, par cause directe. Consolidation au bout de cinq mois.

VIII. Velpeau (thèse de Boureau ; Paris, 1856). — Homme de 45 ans ; chute du haut d'un échafaudage. Fracture au tiers supérieur du tibia gauche, oblique en bas et en dedans ; fracture du peroné 3 à 4 centimètres plus haut. Concavité supérieure du membre ; mobilité ; crépitation. Tuméfaction considérable ; épanchement de sang. Petite plaie communicante ; emphysème. Consolidation au bout de cinquante-sept jours.

IX. Baudens (*Gaz. des Hôp.*, 1855, p. 127). — Soldat de 26 ans ; coup de pied de cheval sur la jambe. Fracture des deux os au tiers supérieur ; plaie ; esquilles. Appareil de Baudens. Hémorrhagie artérielle le vingtième jour, se répétant les jours suivants. Ligature de l'artère fémorale au tiers supérieur de la cuisse. Plus tard, amputation.

X. Monceau (*Bulletins de la Soc. anatom.*, 1856, p. 75). — Cuirassier; coup de pied de cheval sur le tibia gauche. Fracture du tibia seul, oblique en bas, en avant et en dedans, commençant en arrière à 3 centimètres de l'interligne articulaire, et se terminant à 5 centimètres de la tubérosité tibiale. Plaie. Pas de déplacement, de mobilité, de crépitation. Vaste ecchymose; gangrène au bout de quelques jours, aux environs de la fracture. Mort le vingt-cinquième jour. Pus dans les veines fémorale et saphène interne au voisinage du genou ; pus dans l'articulation.

XI. Huguier (*Bull. de la Soc. anat.*, 1858, p. 513). — Homme de 30 ans; pris sous un éboulement. Fracture de la jambe droite, fracture double de la jambe gauche, fracture de l'humérus. Au bout d'un mois hémorrhagies répétées à la jambe gauche; amputation de cuisse; mort. La fracture supérieure de la jambe gauche commence en arrière à 6 centimètres de l'interligne articulaire, se dirige en bas, en avant et en dehors, et se termine par une pointe, à 10 centimètres de l'articulation. Le fragment moyen est long de 13 centimètres en arrière, de 9 centim. 1/2 en avant. En bas, la solution de continuité est oblique en avant et en bas. Ulcération du tronc de la poplitée.

XII. Black (*The Lancet*, 1861, 7 sept.). — Machiniste tombé avec sa locomotive, d'une chaussée haute de 20 pieds. Fracture de cuisse. Le lendemain, gonflement de la jambe, menace de gangrène du pied. La gangrène augmentant, en même temps que l'on reconnaissait une fracture du tibia, avec saillie du fragment supérieur, amputation le huitième jour; mort. On trouve l'artère tibiale postérieure déchirée, le tibia brisé transversalement à 2 pouces de l'interligne, avec fracture oblique du péroné à 3 pouces au-dessous; de plus, fracture de cuisse.

XIII. Gosselin (Bérenger-Féraud, thèse de Paris, 1864). — Homme de 57 ans. Fracture en V des deux os de la jambe au tiers supérieur, avec saillie du fragment supérieur, facilement réductible. Guérison au bout de soixante-six jours.

XIV. Trélat (*Bull. de la Soc. anat.*, 1863, p. 186). — Femme de 73 ans; renversée par une voiture. Fracture du tibia, oblique en haut et en arrière, dans le tiers supérieur; saillie du fragment supérieur. Esquille intermédiaire aux deux fragments. Fracture de l'extrémité supérieure du péroné. Mort le troisième jour.

XV. Richard (thèse de Durochas ; Paris, 1867). — Homme de 64 ans ; renversé par une grosse pierre. Fracture de l'extrémité supérieure du tibia gauche sans déplacement. Consolidation au bout de huit mois. Récidive à la suite de tentatives pour mobiliser le genou.

XVI. Laugier (thèse de Durochas). — Homme de 44 ans ; renversé par une voiture. Fracture de l'extrémité supérieure du tibia, avec plaie communicante. Cicatrisation de la plaie au bout de cinquante jours ; consolidation de la fracture quarante jours plus tard.

XVII. Laugier (thèse de Durochas). — Homme de 66 ans ; passage d'une roue de voiture. Fracture transversale de l'extrémité supérieure du tibia au niveau de l'épine, sans déplacement. Consolidation après six mois et demi.

XVIII. Laugier (thèse de Fargeaud, Paris, 1866). — Homme de 50 ans ; passage d'une roue de voiture. Fracture transversale du tibia à 1 pouce 1/2 de l'articulation, sans déformation, ni crépitation. Vaste épanchement. Consolidation après quatre mois et demi ; raideur articulaire.

XIX. Laugier (thèse de Marie ; Paris, 1867). — Homme de 66 ans. Fracture du tibia à 3 centimètres de la tubérosité antérieure, et du péroné à la partie moyenne. Epanchement articulaire ; la fracture est oblique en dedans et en bas. Appareil ; demi-flexion. Guérison après deux-cent-deux jours.

XX. Laugier (thèse de Marie). — Homme de 75 ans, écrasé par un omnibus. Fracture de la jambe, un peu au-dessous de la tubérosité antérieure ; le fragment inférieur déborde le supérieur. Deux jours après, délire, coma et mort.

XXI. Richet (thèse de Fargeaud). — Femme de 52 ans ; tombée, la jambe étant ployée sous elle. Fracture du tibia, au niveau de la tubérosité antérieure, oblique en haut et en dedans ; fracture du péroné à 5 centimètres de la tête. Epanchement dans le genou ; gonflement, ecchymoses. Pas de déplacement. Consolidation au bout de quatre mois. Une fracture de la clavicule, faite à la même date, était consolidée le quarantième jour.

XXII. Richet (Cliniq. de l'Hôtel-Dieu, in *Union médicale*, 1875). — Homme de 30 ans ; talon pris dans la grille d'un marchepied, tandis que le corps était lancé en avant ; le malade avait essayé de se dégager par un mouvement de torsion. Craqnement. Fracture transversale du tibia au-dessous de l'épine, fracture du péroné au-dessous de la tête. Jambe pliée en dehors. Gonflement énorme les jours suivants. Consolidation après plus de trois mois.

XXIII. Richet (observation personnelle). — Femme de 22 ans. Fracture des deux os de la jambe un peu au-dessous de l'épine du tibia, par le même mécanisme que le précédent. Epanchement dans l'articulation et autour d'elle. Vaste ecchymose; phlyctènes. Saillie légère du fragment supérieur. Consolidation au bout de soixante-six jours.

XXIV. Richet (observation due à mon collègue et ami Maunoury). — Homme de 65 ans; renversé par une voiture; pas d'autre renseignement. Fracture transversale des deux os de la jambe droite, un peu au-dessous de la tubérosité antérieure du tibia; mobilité très-prononcée; peu de douleur; pas de déplacement. Ecchymose de toute la jambe. Consolidation au bout de quatre-vingts jours.

XXV. Richet (observation due à mon collègue et ami Maunoury). — Femme de 74 ans; renversée par une voiture; pas d'autre renseignement. Fracture des deux os de la jambe droite à 2 ou 3 centimètres au-dessous de la tubérosité antérieure; mobilité; pas de déplacement. Ecchymose de toute la jambe; en arrière, petite plaie, que l'on bouche au collodion; en avant, au quart inférieur de la jambe, eschare brune, parcheminée, oblique en bas et en dehors, et paraissant due à la pression de la roue. La malade quitte l'hôpital au bout de soixante-six jours; la consolidation n'est pas complète

XXVI. Marc Sée (thèse de Marie). — Homme de 32 ans; renversé par une pierre. Fracture de la jambe à 7 centimètres de l'articulation, rotation du membre en dehors. Epanchement de sang. Consolidation après cent treize jours.

XXVII. Marc Sée (thèse de Marie). — Homme de 46 ans; chute de 2 mètres de hauteur sur les pieds. Fracture du tibia seul au niveau de la tubérosité antérieure. Gonflement considérable; crépitation et mobilité perçues au bout de vingt jours seulement. Consolidation après cent dix-huit jours. Récidive le 153e jour, à la suite de tentatives pour mobiliser le genou.

XXVIII. Cruveilhier (thèse de Durochas). — Homme de 49 ans; renversé par un omnibus. Double fracture de jambe : l'une, au quart inférieur, est consolidée au bout de soixante-six jours ; la seconde, à 5 travers de doigt de l'extrémité supérieure, n'est solide qu'après cent cinq jours.

XXIX. LEFORT (Bérenger-Féraud, *Traité des fractures non consolidées*). — Homme de 41 ans. Fracture de jambe à la jonction du tiers supérieur et du tiers moyen ; fragment supérieur porté en dehors et en avant, fragment inférieur en dehors et en arrière. Guérison au bout de quatre mois.

XXX. CASPARY (*Berl. klin. Wochenschr.*, 1867, n° 4). — Homme de 26 ans, rhumatisant. Fracture spontanée du tibia au tiers supérieur ; péroné intact. Consolidation au bout de cinq mois.

XXXI. MIRAULT (thèse de Bariller, Paris, 1872). — Charpentier ; fracture directe de la jambe, à 4 travers de doigt au-dessous du genou. Arthrite du genou ; vaste épanchement sanguin à la partie interne du membre. Ponction de l'épanchement, avec aspiration. Guérison.

XXXII. TILLAUX (thèse de Cazeneuve, Paris 1875). — Homme de 28 ans ; chute sur un trottoir. Fracture transversale du tibia au dessous de la tubérosité antérieure ; fracture du péroné. Gonflement considérable ; chevauchement léger dn fragment inférieur. Guérison en soixante jours.

XXXIII. S. DUPLAY (observation personnelle). — Femme de 31 ans ; chute dans la rue. Fracture du tibia seul à 2 travers de doigt au-dessous de la tubérosité antérieure, sans déformation. Trois ans auparavant une fracture au même point avait mis quatre mois à guérir, et le membre, depuis cette époque, n'avait jamais joui d'une grande solidité. La malade quitte l'hôpital avec un appareil au bout d'un mois.

XXXIV. S. DUPLAY (observation personnelle). — G..., âgé de 50 ans ; tombé en montant en wagon et traîné sur la voie ; pas d'autre renseignement. Plaie contuse de la jambe gauche, un peu en dehors de la crête du tibia, à 3 travers de doigt au-dessous de la tubérosité antérieure, donnant issue à du sang veineux. Fracture comminutive du tibia à ce niveau ; fracture du péroné un peu au-dessous de la tête. Epanchement sanguin à la partie supérieure de la jambe. Autre plaie contuse à la partie inférieure. Tentative infructueuse d'occlusion de la plaie principale ; le lendemain, appareil ouaté. — Au bout de trois jours des douleurs se manifestent dans le membre, et la température monte à 39°. Ces douleurs ne durent guère plus d'un jour ; mais la température se maintient les jours suivants à un degré élevé (en moyenne 38°,5 le matin et 39°,5 le soir). L'appareil ouaté est enlevé le seizième jour de la fracture ; on constate un phlegmon diffus de presque toute la jambe, avec ouvertures multiples de la peau, et nécrose des extrémités osseuses. Amputation de la cuisse. Mort par hémorrhagie foudroyante le huitième jour après l'opération. L'autopsie n'a pu être faite.

A l'examen du membre amputé on trouve une fracture du péroné au-dessous de sa tête, oblique en bas et en arrière. Quant au tibia, il est divisé en trois morceaux. Le fragment inférieur se termine en haut par une pointe située en avant et taillée aux dépens de la face externe ; cette pointe, très-aiguë, mince et disposée en spirale, est distante de 8 centimètres de la limite supérieure de l'os, tandis qu'en arrière le trait de fracture en est éloigné de 14 centimètres 1/2.

La portion du tibia, qui se trouve au-dessus de cette division, est elle-même formée de deux morceaux : le trait de fracture, qui opère cette séparation, part du sommet de l'encoche correspondante à la pointe du fragment inférieur ; de là il se dirige en haut et en dehors, contourne la face postérieure de l'os à 3 centimètres de l'articulation, pour descendre obliquement sur la face interne, et couper le bord antérieur du tibia à 12 centimètres de la jointure, au point même où aboutit déjà la fracture principale. Il suit de là que des deux morceaux qui constituent le fragment supérieur, l'un, le principal, comprend toute l'épiphyse, puis diminue graduellement d'épaisseur sur la diaphyse, et se termine en pointe sur le bord antérieur du tibia, avec une hauteur totale de 12 centimètres. L'autre morceau, qui n'atteint pas l'épiphyse, mais qui se prolonge plus bas que le précédent, ne comprend que la face postérieure de l'os, avec empiètement sur la face externe et surtout sur la face interne.

DEUXIÈME PARTIE

Nous nous proposons d'étudier, dans cette seconde partie, les fractures qui atteignent l'extrémité supérieure proprement dite du tibia, c'est-à-dire la portion supérieure de l'os à partir de la tubérosité antérieure. Nous consacrerons des chapitres spéciaux à la divulsion de l'épiphyse, à l'arrachement de la tubérosité antérieure, à la fracture d'un seul des condyles. Quant aux fractures qui intéressent l'extrémité supérieure tout entière, nous les réunirons dans un même chapitre, leur histoire n'étant pas assez avancée pour permettre une séparation tranchée.

CHAPITRE PREMIER.

DIVULSION DE L'ÉPIPHYSE SUPÉRIEURE DU TIBIA.

Le tibia se développe par trois points d'ossification : un pour le corps, deux pour les extrémités. Tandis que le point osseux du corps paraît du 35e au 40e jour de la vie fœtale, le germe osseux de l'extrémité supérieure ne se montre d'ordinaire que vers la fin de la première année qui suit la naissance, et ce n'est que dans le cours de la deuxième année que l'extrémité inférieure s'ossifie. La réunion de toutes ces pièces qui commence toujours par l'épiphyse inférieure, n'est complète qu'à l'âge de 18 à 25 ans. Nous ajouterons que l'épiphyse supérieure du tibia ne constitue pas l'extrémité supérieure de l'os tout entière, mais seulement une sorte de plateau horizontal, qui supporte les cavités articulaires. Ce plateau, sur un tibia d'adulte, a environ 2 centimètres de hauteur, et il est muni en avant d'un prolongement inférieur, qui forme la tubérosité antérieure du tibia ; sur quelques sujets cependant cette dernière semble se développer par un point d'ossification particulier.

Il résulte de ce qui précède que la divulsion de l'épiphyse supérieure du tibia ne peut s'observer au delà de l'âge de 25 ans, et que, lorsqu'elle consiste dans un décollement proprement dit, elle entraîne, outre le plateau tibial, la tubérosité antérieure.

Cette affection est d'ailleurs rare : Guéretin, sur 37 cas de divulsion qu'il a réunis, n'en a trouvé que 3 concernant les épiphyses du tibia, dont un seul pour l'épiphyse supérieure. Quelques exemples de cette lésion sont cités cependant par les auteurs.

Severinus, au XVIIe siècle, prétend avoir vu un cas d'introversion du genou, constituée par un décollement, avec déplacement en dedans, de l'épiphyse supérieure du tibia.

Monteggia a observé le décollement de la même épiphyse chez un enfant, à la suite d'une chute sur le genou.

Madame Lachapelle parle d'un cas, dans lequel les tractions sur le pied pendant l'accouchement décollèrent à la fois l'épiphyse inférieure du fémur et la supérieure du tibia.

Blasius, cité par Gurlt, a vu un décollement épiphysaire du tibia chez un garçon de 16 ans 1/2, qui avait eu le pied droit pris dans un moulin à battre le blé ; il existait de plus une fracture du péroné à 2 pouces au-dessous de la tête, et une plaie du jarret ; la mort survint le sixième jour. On trouva l'épiphyse supérieure du tibia complètement décollée d'avec la diaphyse ; la mince languette osseuse, qu'elle présente à sa partie antérieure, était elle-même détachée, mais elle se trouvait fracturée à sa base. La surface de section de la diaphyse n'était inégale que dans sa partie centrale.

A ces divers faits nous ajouterons deux observations. La première est consignée dans les *Bulletins de la Société anatomique*, 1865, et a trait à un arrachement complet de la jambe à l'union de la diaphyse avec l'épiphyse du tibia. Elle est due à M. Peulevé, et concerne un malade de M. Verneuil.

Observation I.

Le 20 mai 1865 entrait à l'hôpital Lariboisière un enfant de 6 ans, victime d'un accident. Tandis qu'il était à la remorque d'une voiture, les jambes appuyées sur les ressorts, la jambe gauche s'engagea entre ceux-ci et arriva entre deux rayons de la roue gauche ; celle-ci, continuant son trajet, emporta la jambe de l'enfant, retenu, de son côté, par la barre transversale qui le supportait. La rupture se fit nette, au point où la diaphyse s'unit à l'épiphyse du tibia ; les muscles de la jambe se rompirent au même niveau que l'os. Les parties molles restant ainsi au moignon furent insuffisantes, vu leur rétraction immédiate, pour permettre soit de réunir les lambeaux, soit de désarticuler le genou ; l'amputation fut pratiquée à 7 ou 8 centimètres au-dessus de l'interligne articulaire.

A l'examen de la pièce, on reconnaît que l'articulation du genou est saine, et que pas une goutte de sang épanché ne s'y rencontre ; elle ne présente aucune trace de solution de continuité. Le plancher de cette articulation est formé par les deux tubérosités articulaires du tibia, nettement séparées, ou plutôt décollées de cet os. Cette épiphyse est loin d'être ossifiée ; il n'y a guère qu'un tiers de son volume qui ait subi la transformation osseuse, qui, du reste, n'est complète qu'à la vingtième année. L'articulation péronéo-tibiale supérieure est détruite ; l'épiphyse du péroné est intacte et a suivi cet os. La rotule n'est pas atteinte ; le tendon rotulien est arraché du tibia et a enlevé avec lui une partie de la tubérosité antérieure, ce qui prouve une fois de plus la solidité des ligaments, qui souvent arrachent l'os, auquel ils s'insèrent, plutôt que de se rompre eux-mêmes.

A la date du 10 juin l'enfant est complètement guéri.

Obs. II. — H. Fischer et E. Hirschfeld (*Berl. Klin. Wochenschr.*, II, 10, 1865). Fractures multiples des épiphyses.

Jeune homme de 17 ans, pris dans un moulin à battre le blé. Fracture du fémur droit, immédiatement au-dessus du genou. Fracture de la malléole externe gauche. Déformation notable du genou gauche, avec fracture du tibia, immédiatement au-dessous de l'articulation ; le fragment inférieur est repoussé fortement en arrière et en haut, et cette saillie, qui s'accentue dans l'extension, disparaît par la flexion ; crépitation pendant ces manœuvres. Le fragment supérieur fait saillie en avant, un peu au-dessous de la tubérosité du tibia. Rien d'anormal à l'articulation du genou.

La fracture de jambe est réduite immédiatement, et l'on applique un appareil plâtré. On réduit la fracture du fémur au bout de quelques jours. Le malade semblait en voie de guérison, quand, au bout de cinq semaines, la fracture du péroné se mit à suppurer ; les articulations du cou-de-pied et du genou furent atteintes, et l'on dut amputer la cuisse gauche au tiers inférieur. Le malade guérit ; la fracture du fémur droit se consolida avec déplacement.

A l'examen du membre amputé, on trouve la fracture du tibia consolidée, avec persistance d'une certaine déformation. Le fragment supérieur affecte la disposition d'un couvercle au-dessus du quart supérieur du tibia, et une moitié de la surface du fragment inférieur reste libre et est couverte de productions osseuses de nouvelle formation ; on ne voit pas trace de nécrose sur le tibia. Les deux épiphyses du péroné sont arrachées, les surfaces de section sont lisses et d'aspect cartilagineux ; l'épiphyse supérieure est nécrosée à son côté externe, l'épiphyse inférieure dans sa totalité. Le genou est le siége d'une arthrite suppurée au début ; l'articulation tibio-tarsienne est ouverte.

On comprendra aisément la rareté du décollement de l'épiphyse supérieure du tibia, si l'on se rappelle qu'elle est peu épaisse, et qu'elle tient à la diaphyse par une très-large surface : aussi cette lésion est-elle toujours le résultat d'une violence considérable. On remarquera que, parmi le petit nombre de faits que nous citons, il en est jusqu'à trois, dans lesquels le mécanisme est semblable. Dans ces trois cas, la jambe a été prise entre les rayons d'une roue animée de son mouvement, et le décollement a été le résultat de cet accident.

Des expériences assez nombreuses ont été faites sur le cadavre, pour étudier les conditions dans lesquelles la divulsion de l'épiphyse du tibia est possible. Foucher y est arrivé par la traction : il employait 100 kilogrammes pour un fœtus à terme, 200 à 250 kilogrammes pour un enfant de 1 an ; à 4 ans, 350 kilogrammes étaient insuffisants. D'ailleurs, en opérant ainsi, on obtient souvent, non-seulement la séparation de l'épiphyse tibiale, mais encore celle de l'épiphyse fémorale ; et la force à employer varie suivant l'état de conservation du périoste.

Bonnet, de Lyon, par des mouvements forcés d'extension ou de latéralité de la jambe sur la cuisse, a obtenu le décollement de l'épiphyse du tibia, ou plus souvent la fracture de l'os immédiatement en deçà de ce point. Nous n'insisterons pas ici sur cette question ; nous aurons occasion d'y revenir (page 83) plus en détail.

M. Cosseret (1) a abouti expérimentalement aux mêmes résultats, et il lui est arrivé, de même qu'à Bonnet, de détacher en plus l'épiphyse inférieure du fémur.

Nous n'essaierons pas de faire l'histoire du décollement épiphysaire du tibia, le nombre des faits, dons nous disposons,

(1) Cosseret, *De la divulsion des épiphyses*. Thèse de Paris, 1866.

étant trop restreint. Il est probable (et les expériences de Bonnet viennent à l'appui de ce fait) que, de même que pour les autres os, la fracture épiphysaire est plus fréquente ici que le décollement proprement dit.

Quant au pronostic, il n'est pas sans gravité, lors même que la guérison a lieu ; car l'accroissement du membre peut se trouver empêché par l'ossification rapide du cartilage diaphysaire, d'où résulterait une atrophie de la jambe. La réunion doit être d'ailleurs plus longue à se faire qu'au membre supérieur, et l'on entrevoit la possibilité d'une non-réunion, avec formation d'une articulation supplémentaire.

CHAPITRE II.

ARRACHEMENT DE LA TUBÉROSITÉ ANTÉRIEURE DU TIBIA.

On sait que le tendon terminal du muscle triceps, après s'être implanté sur la rotule, se continue avec le ligament rotulien, qui s'insère à la tubérosité antérieure du tibia. On comprend, d'après cette disposition, qu'une contraction du triceps puisse arracher cette éminence osseuse. Cependant cette lésion n'est pas commune : habituellement, quand une rupture a lieu dans les conditions énoncées, c'est la rotule qui se brise transversalement ; ou bien il se fait une déchirure ligamenteuse soit au-dessus, soit au-dessous de cet os.

Pourquoi, dans certains cas, est-ce sur la tubérosité antérieure que porte la solution de continuité ? Il est difficile de répondre à cette question, mais l'âge des sujets semble n'être pas sans influence sur la nature de l'affection.

Binet, de Genève (1), qui a fait un travail sur les ruptures du tendon et du ligament rotuliens, et qui a rassemblé un nombre d'observations à peu près égal de ces deux lésions, a trouvé que sur 17 cas de ruptures sus-rotuliennes, 12 affectaient des sujets âgés de plus de 50 ans ; l'âge des cinq autres malades était de 20 à 50 ans. Au contraire, sur 19 cas de ruptures sous-rotuliennes, 15 avaient trait à des personnes âgées de moins de 50 ans, et dont la plupart n'avaient pas atteint leur 40e année.

Si maintenant nous nous reportons à ce qui se passe pour l'arrachement de la tubérosité antérieure, nous voyons que les sujets, qui d'ailleurs appartiennent tous au sexe masculin, sont, pour la plupart, de tout jeunes gens. Parmi les faits que nous avons trouvés relatés, celui de Vogt concerne un jeune homme de 16 ans ; le malade de Volkmann en a 20 ; celui de Malgaigne 22 ; Pitha a rencontré la même lésion chez un jeune officier, dont il n'indique pas l'âge; enfin nous avons eu l'occasion de voir un jeune étudiant, qui, à 18 ans, avait eu cet accident. Il est vrai qu'en regard de ces faits, M. Richet a constaté la même fracture chez un homme de 45 ans, et il s'agissait bien dans ce cas d'un arrachement par contraction du triceps. Enfin un malade de Key, chez lequel l'étiologie est moins nette, était âgé de 59 ans.

Malgré ces exceptions, l'on peut dire que, d'une manière générale, l'*arrachement de la tubérosité antérieure est une affection de la jeunesse ;* tandis que la rupture sous-rotulienne se rencontre plutôt dans l'âge adulte, et la rupture sus-rotulienne dans la vieillesse. Si l'on rencontre l'arrachement de la tubérosité de préférence pendant le jeune âge, cela tient évidem-

(1) *Archives générales de médecine*, 1858, série V, t. XI, p. 687.

ment à ce fait que l'épiphyse supérieure du tibia, à laquelle appartient la tubérosité, n'est complètement soudée à la diaphyse que vers l'âge de 20 à 25 ans.

La plupart du temps le mécanisme de la fracture est le suivant : le malade, sur le point de tomber à la renverse, fait un violent effort pour redresser son corps. Tel est le cas dans le fait de M. Richet et dans celui de Vogt ; il en est certainement de même dans celui de Key et dans celui que nous avons observé.

Pitha (1) a vu deux fois l'arrachement de la tubérosité dans des conditions pareilles. Le premier cas concerne un conducteur, qui, en sautant par-dessus une flaque d'eau, atteignit mal le bord opposé, et, dans la crainte de faire une chute en arrière, contracta son triceps pour se redresser ; il entendit un craquement sonore dans son genou droit, et tomba en avant. Le second fait de Pitha est relatif à un jeune officier qui, en dansant, para de la même manière à une chute en arrière, et tomba en avant ; ce jeune homme attribua sa fracture au choc du genou contre le sol, mais c'est évidemment à tort.

Chez le malade de Malgaigne, il s'agit aussi d'un effort musculaire, mais dans le but de dégager la jambe prise sous un cheval abattu.

Le mécanisme est tout différent dans le cas de Volkmann. Il est question d'un jeune étudiant atteint de coxalgie, chez qui les articulations de la hanche et du genou s'étaient immobilisées pendant plusieurs mois dans une attitude vicieuse ; dans les efforts que fit le chirurgien pour redresser le membre, et tandis qu'il fléchissait le genou, il se produisit un arrachement de la tubérosité antérieure.

(1) on Pitha und Billroth, *Handb. der allg. und spec. Chir.* Erlangen 1868, Bd. IV, Abth. I, p. 267.

Enfin Lassus rapporte un fait, dans lequel, un coup de sabre ayant détaché la tubérosité du tibia, la rotule était remontée d'environ deux travers de doigt, sans lésion de son ligament.

L'arrachement de la tubérosité antérieure peut être *complet*; c'est dans ces cas surtout que *la rotule est attirée fortement en haut*, et Pitha l'a vue à quatre travers de doigt au-dessus de sa position normale. D'autres fois le tubercule osseux conserve *quelques adhérences avec le tibia*, soit sur un de ses côtés, soit plutôt au niveau de sa base; en sorte qu'au lieu d'être attiré en masse vers le haut, *il éprouve un mouvement de bascule* qui porte son extrémité inférieure en avant. On peut d'ailleurs observer, comme dans le cas de Key, une lacération plus ou moins grande du ligament rotulien.

Quant aux *symptômes* de cette lésion, les malades sentent, au moment de l'accident, une douleur violente au niveau de la tubérosité antérieure; quelquefois ils entendent distinctement un craquement en ce point. Ils s'aperçoivent en même temps qu'ils ne peuvent plus projeter leur jambe en avant ou même qu'il leur est impossible de s'appuyer sur leur membre. Il se produit un certain gonflement au point lésé, gonflement bientôt accompagné d'une ecchymose; en même temps l'articulation du genou peut être le siége d'un épanchement.

L'exploration locale permet de constater d'ordinaire la crépitation; on sent de plus au-dessous de la rotule un corps dur, mobile, situé soit au point que devrait occuper la tubérosité antérieure, soit un peu plus haut; ce corps peut presser contre les téguments par sa partie inférieure. La rotule occupe un niveau plus élevé que du côté opposé, et l'on a vu la différence être de quatre travers de doigt; elle est plus mobile que de coutume. Au-dessous d'elle se voit une dépression inaccoutumée, au fond de laquelle on sent le rebord articulaire du tibia et la poulie fémorale. Quelquefois l'extension est possible dans une faible mesure, et lorsqu'on exerce une constriction au niveau de la fracture ; ce qui semble tenir à l'intégrité de l'aponévrose voisine.

Tous ces symptômes rendent le *diagnostic* assez facile, et si au début le gonflement venait à entraver les recherches du chirurgien, et l'obligeait à suspendre son avis, le doute serait certainement levé dès que l'inflammation se serait calmée.

Le *pronostic* doit être réservé, car les suites de cette fracture sont assez variables. D'une part, l'*inflammation* peut être assez vive pour avoir des conséquences graves. Ainsi Malgaigne cite un cas de rupture du ligament rotulien, à la suite duquel la rotule devint adhérente au-dessus des condyles du fémur; et un autre cas, dans lequel une arthrite aiguë, passée à l'état chronique, condamna le malade à un repos absolu, qui durait encore cinq ans après l'accident ; or il est évident que ces complications, observées dans la rupture du ligament rotulien, sont possibles dans l'arrachement de la tubérosité.

D'autre part, Pitha a vu deux faits de *non-consolidation*, plusieurs mois après la fracture : la rotule était remontée, et à sa place on trouvait la capsule épaissie, lâche et flottante; le membre tout entier, et surtout le muscle triceps, étaient amaigris et affaiblis, et la démarche était pénible, nécessitant le secours d'une canne et d'une genouillère. Cependant dans ces deux cas, le triceps n'avait pas perdu complètement ses fonctions; il était uni au tibia par une lâche bande fibreuse et, en se contractant, il arrivait à produire une extension faible et de peu de durée. Pitha ne dit pas si ces deux malades, qu'il n'a vus que longtemps après l'accident, avaient été traités d'une façon rationnelle.

A côté de ces faits malheureux, se placent des cas à terminaison favorable, en dépit de l'absence de traitement. Malgaigne a vu un garçon de charrue de 23 ans, entré à l'Hôtel-Dieu en 1835, et qui, un an auparavant, ayant eu la jambe prise sous un cheval abattu, avait fait un violent effort pour la retirer, et entendu un craquement subit. Il avait gardé le repos quelques jours, puis s'était mis à marcher et avait fini par retourner à la charrue; il pliait et étendait la jambe presque aussi bien que du côté sain. La rotule était remontée au-dessus des condyles, et l'on sentait une petite tumeur osseuse à l'endroit de l'insertion du ligament au tibia.

Chez le malade de Lassus, on enleva la portion d'os détachée ; on se borna à tenir la jambe dans l'extension, et, au bout de quarante jours, il n'en fut pas moins parfaitement guéri, marchant librement et sans raideur.

Volkmann, qui a eu l'occasion de faire l'autopsie de son malade, quelque temps après son accident, a pu constater une *réunion osseuse.*

Nous ajouterons que le jeune homme, que nous avons observé, a présenté une particularité assez curieuse. Une nodosité de consistance osseuse, sorte de *rotule supplémentaire,* s'est développée dans l'épaisseur du ligament rotulien ; la présence de ce nodule n'a d'ailleurs été reconnue que deux ans plus tard, à propos d'une nouvelle lésion du genou. Lors de son premier accident, ce malade n'avait commencé à s'appuyer sur son membre qu'au bout de cinq mois ; cependant la raideur de l'articulation, complète à ce moment, avait disparu totalement à la longue.

On voit par ces exemples que l'arrachement de la tubérosité antérieure peut laisser les malades, ou complètement estropiés, ou aussi libres de leurs mouvements qu'auparavant. Entre ces limites extrêmes, tous les degrés se rencontrent. Toutefois la guérison est la terminaison la plus fréquente; sur 9 cas, que nous avons trouvés relatés, nous en comptons 7 à terminaison favorable; et dans ces derniers, il n'est pas resté de gêne dans les fonctions du membre, ou tout au moins cette gêne a été minime.

Quant au temps nécessaire pour la consolidation, il a varié de quelques jours à cinq mois, dans les faits où il est indiqué; mais il semble devoir être fixé à *un ou deux mois* en moyenne.

Si nous mettons en regard de ces résultats, ceux que nous donne Binet pour les ruptures sous-rotuliennes, on ne peut s'empêcher de reconnaître que cette dernière lésion est notablement plus grave. En effet, sur 23 cas de ruptures sous-rotuliennes, il ne compte que 14 guérisons; 2 fois il y a eu ankylose, et 1 fois tumeur blanche du genou; les autres malades sont restés infirmes un temps plus ou moins long. De même la durée du travail de réparation a varié de trois à sept mois, avec une moyenne de quatre mois.

Les difficultés du *traitement*, dans l'arrachement de la tubérosité, diffèrent surtout suivant que celui-ci est plus ou moins complet. Le malade de M. Richet a guéri par la simple application d'un mouchoir autour du membre, au niveau du point fracturé; celui de Lassus, par l'extension de la jambe; celui que cite Malgaigne, par le repos. Dans d'autres cas, la réduction a été difficile; ou bien elle a été facile, mais ne s'est maintenue qu'avec peine. Quoi qu'il en soit, il s'agit d'obtenir le relâchement du triceps et l'abaissement de la rotule; les indications sont donc les mêmes que pour les fractures de la rotule. On y obéira par l'extension de la jambe, avec élévation du membre; on pourra, s'il est nécessaire, abaisser la rotule à l'aide d'un lacs. Enfin le chirurgien devra se préoccuper, non-seulement d'obtenir une réduction exacte, mais aussi d'éviter la raideur articulaire ; dans ce but, il devra de bonne heure imprimer quelques mouvements à la jointure.

Nous terminerons ce chapitre, en rapportant quelques observations d'arrachement de la tubérosité antérieure.

Obs. III (résumée). — Key (*The Lancet*, 1828, t. XIV, p. 32).

Homme de 59 ans, renversé par une botte de foin tombée d'une grande hauteur. Pas d'autres détails sur l'accident. Après que la tuméfaction a diminué sous l'influence de sangsues et d'un traitement antiphlogistique, on constate que la rotule est séparée de ses attaches inférieures, lâche et écartée de 4 travers de doigt de la tubérosité antérieure du tibia. Celle-ci est si grande qu'on la prend d'abord pour la partie inférieure de la rotule; elle est projetée en avant et fait saillie; elle est située beaucoup au-dessous de la rotule, et correspond à la tubérosité antérieure du côté opposé; enfin, elle est mobile et donne de la crépitation. La partie inférieure de la rotule est lisse et nullement fracturée; le membre est dans l'extension. Diagnostic : lacération complète du ligament rotulien et fracture de la tubérosité antérieure du tibia. Même traitement que pour les fractures de la rotule : extension et élévation ; abaissement de la rotule à l'aide d'un lacs. Au bout d'un mois, réunion complète de l'os et probablement du ligament, mais la rotule n'est pas ramenée à sa position primitive.

Obs. IV. — (Richet, *Anatomie médico-chirurgicale*, 3e édit., p. 1052).

Un homme de 45 ans, très-fort, voulant éviter d'être lancé dans un fossé par la chute imminente d'une voiture, sur l'impériale de laquelle il était monté, sauta sur la route et ne put se relever qu'à grand'peine. Appelé quelques jours après, je constatai que la tubérosité tibiale avait été incomplétement arrachée, et qu'une portion des fibres du ligament était restée implantée sur sa partie interne. On sentait distinctement la crépitation ; le malade pouvait encore, avec difficulté, étendre la jambe sur la cuisse, mais en prenant instinctivement la précaution d'exercer sur la partie supérieure de la jambe une constriction énergique avec un mouchoir en cravate. Je fis continuer simplement l'application de ce bandage, et le malade guérit; mais il conserve au niveau de la tubérosité tibiale une saillie osseuse, qu'un chirurgien non prévenu pourrait fort bien prendre pour une exostose.

Obs. V (résumée). — Paul Vogt, de Greifswald (*Deutsche Klinik*, 1869, nº 23, p. 217).

Un jeune homme de 16 ans, en s'exerçant au gymnase, fit un saut ; sur le point de tomber en arrière, au moment où il touchait le sol, il contracta violemment ses muscles pour éviter la chute, et sentit une douleur subite dans le genou. Il remarqua immédiatement qu'il ne pouvait avancer la jambe ni changer de place. Malgré l'épanchement du genou, il fut facile de poser le diagnostic : fracture de la tubérosité antérieure du tibia. A 6 centimètres au-dessous de la rotule, qui était intacte, mais remontée de 3 centimètres, se voyait l'angle arrondi d'un fragment osseux ayant dans sa partie supérieure 2 1/2 centimètres de large ; ce fragment était éloigné de la crête du tibia d'environ 1 centimètre 1/2. Il existait une certaine adhérence entre la base du fragment et la ligne épiphysaire du tibia ; aussi, au lieu d'être attiré en haut dans sa totalité, avait-il simplement son extrémité inférieure détachée de la crête du tibia et retournée vers la partie supérieure.

La réduction fut assez pénible ; on plaça le membre sur un plan incliné, en recouvrant le genou de glace. Après la résorption de l'épanchement, on appliqua un bandage plâtré fenêtré, et au bout de près de deux mois la consolidation était assez bonne. Aujourd'hui, un an après l'accident, les fonctions sont tout à fait rétablies.

Obs. VI (résumée). — Volkmann (*Jahresbericht über die Leistungen und Fortschritte in der gesammten Medicin*, 1869, t. II).

Etudiant de 20 ans, ayant gardé le lit pendant de longs mois, avec ou sans appareil, à cause d'une coxalgie ; le membre était fortement dans la flexion et l'adduction, avec raccourcissement. Dans les tentatives faites pour le redresser, la hanche fut fléchie plus fortement encore, en même temps que l'on pliait le genou, qui n'avait pas été fléchi par le malade pendant les derniers mois. Bien que ces mouvements fussent imprimés au membre presque sans force, le triceps arracha la tubérosité du tibia par l'intermédiaire du ligament rotulien. Ce muscle, depuis longtemps inactif, était si raide et si atrophié que, dans l'extension du genou, il ne pouvait attirer en haut le fragment d'os arraché, qui avait la grosseur d'une noisette ; le bord inférieur de celui-ci se souleva simplement un peu et vint presser légèrement contre les minces téguments de la jambe.

Un appareil plâtré fut appliqué après le redressement de la hanche, et il se forma une réunion osseuse du petit fragment, avec fort peu de déplacement. Le malade mourut plus tard, et l'autopsie vint confirmer ces données. De plus, les os du membre inférieur tout entier étaient fortement atrophiés, condition qui avait dû faciliter la production de la fracture.

Obs. VII (personnelle).

X..., étudiant, 20 ans, s'est fait, il y a deux ans, un arrachement de la tubérosité antérieure du tibia, à la suite d'un saut sur les pieds, mais sans qu'il puisse préciser à quel moment s'est faite la rupture. Le membre est resté cinq mois dans l'extension, et ce n'est qu'au bout de ce temps que le malade a commencé à s'appuyer sur lui sans appareil ; les mouvements du genou, presque nuls à ce moment, sont revenus peu à peu complètement. Près de deux ans plus tard, un nouvel accident a produit une entorse du genou ; on s'est aperçu alors que la tubérosité antérieure était à sa place, un peu saillante toutefois, mais que, dans l'épaisseur du ligament rotulien, il s'était formé une nodosité de consistance osseuse, une sorte de rotule supplémentaire. Après la guérison de cette entorse, le malade, de peur de récidive, a porté pendant un certain temps un appareil qu'il avait encore cinq mois après l'accident, au moment où j'ai eu l'occasion de le voir.

CHAPITRE III.

FRACTURE D'UN DES CONDYLES DU TIBIA.

La fracture d'un seul des condyles du tibia ne se rencontre pas souvent ; nous n'avons pu en réunir que 4 cas, et l'on comprendra qu'un nombre d'observations aussi restreint ne nous permet pas de faire l'histoire de cette affection.

Sur nos 4 faits, 3 concernent le condyle externe, un seul le condyle interne. Ceux, dans lesquels l'âge des sujets est indiqué, sont relatifs à des hommes de 40, 42 et 68 ans. Enfin la fracture semble due généralement à une cause directe.

Cependant Follin a observé un cas qu'il rapporte à une cause indirecte. Il s'agit d'un homme qui, pris par les pieds dans les rênes du cheval attelé à sa voiture, fut traîné dans cette position sur une longueur de plusieurs mètres, et se fit une fracture du condyle externe : on la considéra comme le résultat d'un arrachement. Nous ferons remarquer toutefois que le ligament latéral externe et le tendon du biceps s'insèrent surtout à la tête du péroné, et n'envoient qu'une expansion à la tubérosité externe du tibia. Aussi l'arrachement de cette éminence osseuse par le mécanisme invoqué nous semble-t-il d'autant plus difficile à accepter, que la tête du péroné offre naturellement moins de résistance que la tubérosité externe, et que l'on cite un certain nombre de cas forts nets d'arrachement de la tête du péroné. Nous sommes donc disposé à admettre que le malade de Follin se sera heurté le genou, pendant qu'il était traîné, et se sera fait une fracture directe.

Nous avons peu de chose à dire des *variétés* que l'on a observées. Tantôt le trait de fracture est longitudinal ; tantôt l'on remarque, sur le fragment articulaire, une tendance à la disposition infundibuliforme, tandis que le fragment diaphysaire représente un cône.

Les *symptômes* les plus importants sont une douleur localisée, avec gonflement et ecchymose, au niveau du point fracturé. L'articulation du genou est le siége d'un épanchement. En même temps, la palpation permet de constater l'existence d'un corps dur et mobile, occupant la place d'un des condyles et fournissant de la crépitation lorqu'on le déplace ; il arrive même qu'en repoussant ce fragment, on puisse sentir la perte de substance du tibia. Mais ces signes, qui sont caractéristiques, peuvent fort bien manquer au début, par suite du gonflement, et le chirurgien se trouvera dans la nécessité de suspendre son diagnostic, en attendant que l'état des parties permette une exploration plus précise. Ce n'est qu'au bout de quelques jours aussi, dans ce cas, qu'il sera possible de reconnaître si la fracture est simple, ou si elle s'accompagne de complications importantes, telles que d'autres fractures, soit du tibia, soit d'un os voisin.

Un symptôme, qui mérite de fixer l'attention, s'est rencontré chez un malade de M. Eug. Bœckel : la jambe était déviée en dehors de 30 degrés environ, de manière à figurer un genu valgum ; et l'on crut d'abord à une entorse du genou avec diastasis articulaire, tandis qu'il s'agissait en réalité d'une fracture longitudinale de la tubérosité externe. Quelques jours de repos du membre suffirent d'ailleurs pour assurer le diagnostic.

Quel est le *pronostic* de la fracture d'un condyle? Sur les quatre faits que nous avons réunis, un seul a eu une issue funeste, et la mort a été due à des phénomènes inflammatoires, avec suppuration au foyer de la fracture et phlébite du tissu spongieux du tibia. Les autres malades ont guéri, et le temps de la guérison noté dans une seule observation a été de douze semaines.

Nous n'insisterons pas longuement sur la conduite qu'aura à tenir le chirurgien. Le repos absolu de l'articulation, un traitement antiphlogistique s'il y a lieu, seront les principales indications à suivre. Le genou sera mis de préférence dans la demi-flexion, si le déplacement se trouve corrigé dans cette position ; de cette manière, en effet, on aura plus de chances d'éviter la raideur articulaire. Enfin, dans le même but, des mouvements seront imprimés de bonne heure à la jointure.

Il nous reste à reproduire les observations sur lesquelles nous nous appuyons.

Obs. VIII (résumée). — Thamhayn (*Zeitschr. des deutsch. Chirurg.-Vereins*, 1852, t. VI, p. 327). Fracture du condyle interne du tibia.

Fracture du condyle interne du tibia ; pas de détails sur la direction et la forme ; quelques difficultés de diagnostic au début. Douleur combattue par des lotions à l'extrait de belladone. Appareil le dixième jour. Guérison en douze semaines, sans lésion des mouvements du genou.

Obs IX (résumée). — Middeldorpf (*Beiträge zur Lehre von den Knochenbrüchen*, Breslau, 1853, p. 137). Fracture du condyle externe du tibia avec esquilles. Mort.

Un ouvrier de 42 ans tomba sur un tuyau de fer dans une fosse destinée aux conduits à gaz, et profonde de 8 pieds ; il resta toute la nuit sans secours, et n'entra à l'hôpital que le lendemain. Gonflement énorme du genou ; épanchement dans l'articulation ; mobilité et crépitation évidentes. Les antiphlogistiques (sangsues, vessie de glace) dissipèrent presque complétement ces symptômes. Mais le neuvième jour survint subitement une inflammation qui, dès le lendemain, avait déterminé des frissons et causé de la suppuration au foyer de la fracture. On vida une collection de pus et on enleva des esquilles ; néanmoins la cuisse gonfla et s'infiltra de pus. Le quinzième jour, en pressant sur la rotule, on trouvait un son aériforme ; en même temps l'on constatait un vaste décollement de la peau et du tissu cellulaire sous-cutané ; les frissons se multipliaient, et il survenait une teinte ictérique. Mort le dix-neuvième jour.

Autopsie. — Sanie dans le tissu cellulaire sous-cutané et intermusculaire ; décollement de la peau jusqu'aux malléoles, surtout en avant, en dedans et en dehors. Deux traits de fracture détachent le condyle externe et pénètrent dans l'articulation, mais n'intéressent le cartilage qu'en quelques endroits. Deux esquilles à l'épine du tibia. Le fragment inférieur du tibia, conique, correspond à une excavation infundibuliforme du fragment articulaire. Phlébite suppurée du tissu spongieux de l'os. Péroné intact. Dans l'articulation du genou, sanie, pus et bulles d'air. Les muscles de la cuisse baignent abondamment, jusqu'au trochanter, dans du pus épais et jaune, infiltré entre les gros faisceaux musculaires. La prostate contient un certain nombre de petits calculs; la rate est très-pâle; rien d'anormal aux poumons, au cœur et aux autres organes.

Obs. X (résumée). — Follin (Thèse de Marie, Paris, 1867, obs. X). Arrachement du condyle externe du tibia.

Charretier robuste, âgé de 40 ans, entré à l'hôpital Cochin le 11 décembre 1865. Tandis qu'il voulait descendre de sa voiture en marche, son pied gauche a été retenu par les guides et autres pièces des harnais du cheval Cet homme est resté suspendu par la jambe gauche et a été traîné sur une longueur de plusieurs mètres. Epanchement considérable dans l'articulation du genou gauche; douleur vive, exaspérée par la pression, au côté externe de la région. En ce point on constate un corps dur, mobile, fuyant vers l'intérieur du genou en déterminant de la douleur et de la crépitation; lorsque l'on déplace ce corps, on remarque une perte de substance au condyle externe du tibia; le doigt déprime à ce niveau les téguments et sent un enfoncement limité en avant par la tubérosité antérieure, mal limité en dehors; l'os paraît manquer sur une hauteur d'un travers de doigt. Le lendemain, le fragment est revenu en place. Diagnostic : arrachement d'une partie du condyle externe du tibia; gouttière, puis appareil plâtré. Le malade part le 22 janvier pour l'hospice de convalescents de Vincennes, avec son appareil.

Obs. XI (résumée). — Eug. Bœckel (*Union médicale*, série III, t. VII, 1869, p. 389; observation recueillie par M. Chévier). Fracture du condyle externe du tibia et du tiers supérieur du péroné, avec production d'un genu valgum.

Ludwig, 68 ans, paveur, entré à l'hôpital le 29 décembre 1868, est tombé en conduisant une brouette, et celle-ci est venue frapper la face interne de son genou gauche. Epanchement dans la jointure; gonflement de toute la jambe, surtout de ses faces antérieure et externe; la jambe est déviée en dehors, et l'angle qu'elle forme avec le prolongement supposé de la cuisse est d'environ 30°. Mobilité latérale assez forte du membre, qui se laisse ramener à la direction normale, mais reprend aussitôt sa position vicieuse. On croit d'abord à une entorse avec diastasis articulaire; mais on constate que les surfaces articulaires du côté interne sont dans leurs rapports normaux, et l'on perçoit de la crépitation pendant ces manœuvres. Sans insister davantage, on place le membre dans une boîte de Baudens, en recouvrant le genou d'une vessie de glace.

Le 6 janvier 1869, l'épanchement sanguin est en grande partie résorbé. Le ligament latéral interne paraît intact ; au contraire la pression sur le condyle externe du tibia est douloureuse et s'accompagne de crépitation et l'on peut imprimer des mouvements antéro-postérieurs manifestes à cette portion d'os. Un trait de fracture presque longitudinal sépare le condyle externe du tibia du reste de l'os, en longeant la tubérosité antérieure. Le péroné est fracturé dans son tiers supérieur. Quant au condyle interne du tibia, il reste en continuité avec la diaphyse, mais il a basculé dans la gorge intercondylienne du fémur ; de là l'inclinaison de la jambe. Enfin tout l'os a exécuté une légère rotation sensible à la vue et au toucher, et qui a pour effet de relever son côté externe, de manière que les deux bords de la solution osseuse sont sur des plans différents.

La coaptation semblant plus exacte et plus facile à maintenir dans l'extension, un appareil amidonné est appliqué dans cette position et renforcé pendant la dessiccation par une attelle de bois. Le malade porte encore cet appareil le 18 janvier ; le membre paraît parfaitement droit.

CHAPITRE IV.

FRACTURES PORTANT SUR L'EXTRÉMITÉ SUPÉRIEURE DU TIBIA DANS SA TOTALITÉ.

Variétés.

1° *Fractures sous-condyliennes.* — Les fractures, que l'on rencontre le plus souvent à l'extrémité supérieure du tibia, sont celles qui détachent de l'os toute la partie articulaire et que nous appellerons *fractures sons-condyliennes.* Le trait, qui isole ainsi le plateau tibial, peut être *transversal* ou dentelé ; d'autres fois la solution de continuité suit une courbe *à convexité supérieure*, de telle manière que le fragment articulaire, assez mince dans sa partie centrale, présente une certaine épaisseur sur ses bords. Enfin, dans certains cas, le trait est oblique, et cela surtout *de haut en bas et d'avant en arrière;* nous ne parlons ici que des fractures de la portion toute supérieure de l'os ; car l'obliquité est d'ordinaire inverse pour les fractures siégeant un peu plus bas, et pour celles qui, partant de la limite du plateau articulaire, descendent au-delà du quart supérieur du tibia.

La fracture peut se borner à la séparation du plateau, sans autre atteinte de ce dernier, et l'on comprend fort bien que cette lésion puisse se produire sans qu'il existe la moindre communication avec l'articulation. M. Benjamin Anger (1) a fait figurer une planche représentant une fracture, qui fut rencontrée à l'autopsie d'un blessé, et dans laquelle les 2 cent. supérieurs du tibia ont été arrachés : dans cette fracture du genou, le fragment supérieur du tibia comprend toute la partie articulaire, sans ouvrir la jointure ; une arthrite suppurée s'était déclarée, et le malade sur lequel on n'avait aucun renseignement, avait succombé.

D'autres fois, au contraire, le plateau tibial est divisé en deux fragments, dont l'un comprend le condyle externe, et l'autre le condyle interne. Cette fracture est forcément articulaire ; nous en trouvons un exemple au musée Dupuytren, sous le n° 211 A : il s'agit d'une fracture par écrasement de l'extrémité supérieure du tibia, observée par Velpeau, et dans laquelle le plateau, détaché du corps de l'os, est divisé en deux fragments, l'un interne, l'autre externe ; le péroné est intact. Nous pourrons dire que, dans ce cas, outre la fracture sous-condylienne, il y a *fracture intercondylienne.*

(1) Benjamin Auger, *Traité iconographique des maladies chirurgicales.* Paris, 1865, pl. 77.

Toutefois la division du plateau tibial en fragments secondaires est loin d'affecter toujours cette régularité. Ceux-ci peuvent être nombreux et présenter des dispositions fort diverses.

Chez une femme de 47 ans, que nous avons eu l'occasion d'observer à l'hôpital Saint-Louis, et qui avait eu les jambes broyées par un camion, on trouvait à la jambe gauche les particularités suivantes. Le tibia était brisé un peu au-dessus de sa partie moyenne, et le fragment supérieur était divisé dans toute sa longueur en trois lames, comprenant chacune une des faces du tibia et de plus en un certain nombre d'esquilles. Le plateau tibial était détaché de l'os sur une hauteur de 1 à 2 c.; et la portion détachée vue par sa face supérieure représentait trois fragments, dont l'un comprenait le condyle interne, le 2e le condyle externe et dont le 3e, beaucoup plus petit, était situé en avant, entre les deux précédents. Chacun des fragments interne et externe était divisé de plus en trois morceaux, mais sans que cette division secondaire vînt entamer le cartilage articulaire, si ce n'est vers ses bords.

Une disposition toute différente se rencontrait chez l'homme qui fait le sujet de l'observation XV, et dont le tibia est figuré sur les deux planches annexées à ce travail. Dans ce cas le trait de fracture, qui sépare le plateau tibial, part de son bord antérieur, et suit un plan oblique en bas, en arrière et en dedans, de telle sorte que, sur la face postérieure du tibia, la hauteur du fragment détaché est de 4 cent. en dedans, et de 2 cent. seulement en dehors. De ce fragment est détaché, par un trait oblique de haut en bas et de dehors en dedans, un morceau qui comprend l'articulation avec la tête du péroné. De plus une portion du condyle interne, présentant une hauteur de 3 cent. et une largeur de 2 cent., se trouve séparée du tibia par un trait de fracture vertical et antéro-postérieur, dont la longueur d'avant en arrière est de 5 cent. Enfin un trait de fracture vertical, se dirigeant d'avant en arrière et de dedans en dehors, part du voisinage de la crête du tibia pour s'arrêter au niveau de la tête du péroné, et isole ainsi un morceau du condyle externe de 4 cent. de hauteur sur 4 cent. dans le sens antéro-postérieur, et 1 cent. dans le sens de l'épaisseur, morceau qui donne attache au prolongement du tendon du biceps. Le péroné est intact. On voit, par cette description, que l'obliquité du trait de fracture, qui sépare du tibia son plateau articulaire, ne s'étend pas en dedans et en dehors jusqu'aux limites de l'os ; il en résulte que les deux fragments, détachés des condyles interne et externe, se prolongent en bas au delà de la limite inférieure correspondante du fragment principal.

Ces divers exemples nous montrent que la portion articulaire du tibia, lorsqu'elle se trouve isolée du corps de l'os, a une tendance naturelle à se subdiviser en fragments interne et externe ; et cette disposition se trouve expliquée par la conformation du plateau. Cependant, sous l'influence de certaines causes spéciales, on peut observer une division suivant un type différent.

Ainsi nous trouvons dans la thèse de M. Vaslin (1) une observation relative à un coup de feu du genou droit : la balle entrée au-dessus du condyle externe du fémur, était sortie au-dessous et en dehors du condyle interne du tibia. On amputa la cuisse, et l'on reconnut que l'extrémité supérieure du tibia était divisée en deux fragments : l'un antérieur, l'autre postérieur. L'antérieur avait la forme d'un V à base supérieure ; le sommet descendait jusqu'au-dessous de la tubérosité antérieure.

(1) L. Vaslin, Thèse de Paris, 1871, p. 190.

A ce niveau existait la séparation de l'épiphyse avec la diaphyse. Celle-ci ne présentait aucune altération, tandis que le tissu spongieux de l'épiphyse était infiltré de sang.

Les fractures sous-condyliennes du tibia se présentent encore à nous sous un autre aspect, nous voulons dire qu'elles sont susceptibles de se compliquer de *pénétration* : le tube osseux, qui constitue la diaphyse de l'os, pénètre dans le tissu spongieux de l'extrémité préalablement détachée.

Le musée de Giessen (1) contient sous le n° 35, 244, un exemple de fracture transversale de la partie supérieure de la diaphyse tibiale, avec pénétration de celle-ci dans la tête à 3/4 de pouce de profondeur; la tête est d'ailleurs divisée en deux fragments, et les rapports de ces diverses parties sont considérablement modifiés.

Sur une autre pièce du même musée, on voit une fracture transversale à bords dentelés, immédiatement au-dessous des condyles du tibia, avec pénétration du fragment inférieur dans le supérieur; cette fracture n'est pas complète du côté externe. Immédiatement au-dessous d'elle se trouve une fracture, oblique en bas et en dedans, qui s'étend jusqu'au-dessous de la tubérosité antérieure du tibia. Une autre fracture transversale siége à la jonction du tiers inférieur et du tiers moyen du tibia, et le péroné est brisé en deux endroits. Ces diverses fractures ne sont pas consolidées.

2° *Eclatement de l'extrémité supérieure du tibia.* — Il est des cas où l'extrémité supérieure du tibia, divisée en un grand nombre de fragments, échappe à toute description, et est littéralement *éclatée*. Ces fractures s'accompagnent en général

(1) Gurlt, *Handbuch der Lehre von den Knochenbrüchen*. Frankfurt 1860-62.

d'un certain degré d'écrasement : la tête du tibia gagne en épaisseur, en même temps qu'elle se fragmente.

Le musée du Val-de-Grâce contient une pièce de ce genre, déposée par M. Legouest, et relative à un malade qui, dans un accès d'aliénation, sauta d'un second étage. On y remarque une fracture de la cuisse au tiers supérieur, une fracture du condyle externe du fémur, un broiement du calcanéum; en même temps le péroné est brisé à sa partie supérieure, et la tête du tibia, véritablement broyée, est divisée en nombreux fragments par des fissures verticales et transversales.

Le musée anatomo-pathologique de Wurtzbourg (1) possède, sous le nº 715, un exemple de fracture guérie de la tête du tibia gauche, dans laquelle la surface articulaire est fortement éclatée; cependant les fragments sont réunis par un cal poreux.

Enfin une pièce du même genre se trouve au musée du Collége anatomo-chirurgical de Brunswick (2) : c'est une fracture comminutive de la tête du tibia droit; la surface articulaire, devenue fort inégale, est presque doublée, et dans ses environs le cal offre par places une ressemblance avec des stalactites. Cette pièce provient d'un homme de 66 ans, mort treize ans après l'accident.

Dans le premier cas que nous avons cité, M. Legouest amputa son malade et le guérit; l'hésitation d'ailleurs était difficile, vu la multiplicité et la gravité des lésions. Mais les deux pièces de Wurtzbourg et de Brunswick prouvent que l'éclatement de l'extrémité supérieure du tibia, malgré sa gravité apparente, est susceptible de guérison. Les détails manquent

(1) Gurlt, *Loc. cit.*
(2) Gurlt, *Loc. cit.*

malheureusement sur les symptômes, qu'ont présentés ces malades pendant leur vie, et sur la marche de leur affection.

3° *Fractures cunéiformes de l'extrémité supérieure du tibia.* — On rencontre un certain nombre de fractures de la tête du tibia, dans lesquelles la solution de continuité part supérieurement de la limite des surfaces articulaires, pour se diriger très-obliquement en bas, de manière à dépasser le quart et même le tiers supérieur de l'os. Le fragment supérieur, qui comprend le plateau tibial et diminue graduellement d'épaisseur de haut en bas, offre, dans ces cas, une grande ressemblance avec un coin; aussi donnerons-nous à ce genre de lésion le nom de *fractures cunéiformes*. Par ce mot nous désirons simplement rappeler la forme du fragment supérieur; mais nous n'entendons en aucune façon exprimer l'idée que celui-ci agit à la manière d'un coin.

Les fractures cunéiformes ne sont pas toujours articulaires : le trait de fracture, qui supérieurement aboutit à la limite du plateau, peut en effet, selon qu'il dévie un peu dans un sens ou dans l'autre, pénétrer dans la jointure, ou lui rester complètement étranger. D'autre part la grande obliquité du trait fait que le fragment supérieur se termine en bas par une pointe assez aiguë, pointe qui, dans la majorité des cas, siége au niveau de la crête du tibia.

La raison de ce fait, ainsi que l'explication de cette forme de fracture assez singulière, se trouve dans la conformation même de l'os. A ce sujet M. Duret a lu à la Société de biologie (séance du 16 décembre 1876) une note, d'où nous extrayons le passage suivant :

« Des plateaux articulaires du tibia partent deux systèmes ogivaux à très-longues colonnettes, dont les deux piliers antérieurs convergent en avant et viennent se terminer dans la partie la plus épaisse du tissu compacte de la diaphyse, dans la crête du tibia, au niveau du tiers moyen. Au contraire à l'extrémité inférieure, des deux rainures astragaliennes du plateau tibial inférieur, montent deux séries de colonnettes, qui vont en divergeant par en haut, en dehors et en dedans. Elles se terminent à l'union du tiers inférieur et du tiers moyen de l'os. En un mot le système spongieux supérieur forme un V à pointe inférieure ; le système spongieux inférieur forme, au contraire, un V à ouverture supérieure : la pointe du premier correspond à l'intervalle des deux branches du second. »

On voit, par cette description, la corrélation qui existe entre la structure du tibia et les fractures cunéiformes. Dans ces dernières en effet, le trait de fracture suit la direction des colonnettes ogivales, qui partent des plateaux articulaires et viennent converger, vers le tiers moyen de l'os, dans la crête du tibia. Cette description explique tout à la fois, et la grande obliquité du trait, et ce fait que la pointe du fragment supérieur siége de préférence en avant.

Le musée Dupuytren contient deux spécimens de fractures cunéiformes : dans l'une l'obliquité affecte la direction la plus fréquente, c'est-à-dire que la pointe terminale du fragment supérieur se trouve en avant ; dans l'autre, au contraire, cette pointe est située sur le bord externe.

De ces deux pièces, la première, inscrite sous le n° 210 A, est une fracture très-oblique de l'extrémité supérieure du tibia gauche ; le trait part en arrière de l'angle, que forme la face postérieure avec le plateau tibial ; il se dirige obliquement en bas et en avant, et atteint la jonction du tiers supérieur avec le tiers moyen. La consolidation est parfaite ; le péroné est brisé vers son quart supérieur. Cette pièce a été déposée par Malgaigne ; c'est apparemment la même qu'il a représentée dans son atlas (planche XV, fig. 2).

La seconde, portant le n° 213, est un tibia droit, présentant une double fracture, dont la supérieure part en dedans et en avant de la limite du plateau articulaire, descend obliquement en dehors et en arrière, et arrive jusqu'à la jonction du tiers supérieur et du tiers moyen. La deuxième fracture est dentelée, avec esquilles, et occupe la partie supérieure du tiers moyen. Cette pièce a été prise par Jobert de Lamballe sur un homme de 64 ans, mort quatorze jours après son accident.

Au lieu de figurer un coin unique, le fragment supérieur représente quelquefois un double coin : en d'autres termes, il se trouve divisé en deux morceaux, dont chacun rappelle la forme d'un coin. L'un d'eux comprend le condyle interne, puis diminue de volume de haut en bas, pour se terminer en pointe sur la diaphyse à une assez grande distance de l'articulation. L'autre affecte la même disposition en correspondant au condyle externe. Dans ces fractures, le fragment inférieur offre la disposition d'un V renversé, et l'on pourrait admettre qu'en pénétrant dans le fragment supérieur, il l'a fait éclater en deux morceaux. Nous prendrons surtout en considération la forme de ce dernier en double coin, abstraction faite du mécanisme, et nous appellerons cette lésion *fracture bicunéiforme.*

M. Landrieux a présenté en 1868 à la Société anatomique une pièce, que l'on doit rattacher à ce type, mais dont la description malheureusement manque de précision. Il s'agit d'un homme de 24 ans, qui fut traité dans le service de M. Guérin à l'hôpital Saint-Louis : une roue de voiture avait passé obliquement de haut en bas et de droite à gauche sur la partie supérieure de sa jambe droite. Une plaie étendue conduisait dans le foyer de la fracture, et celle-ci communiquait avec l'articulation du genou. Les fragments de l'extrémité supérieure du tibia affectaient la forme d'un double V ou mieux de deux V placés côte à côte. Le tibia avait éclaté en deux fragments verticaux au niveau de la crête. De plus on remarquait, sur le fragment tibial inférieur, deux fissures longitudinales, dont l'une était oblique et l'autre plus verticale. Un fragment du condyle interne du fémur était détaché de l'os. La mort était survenue par épuisement nerveux.

Un cas très-analogue et soigneusement décrit nous est fourni par un malade de MM. Depaul et Guéniot, qui fait le sujet de l'observation XVIII. Chez lui la tubérosité antérieure, appartenant au fragment inférieur, vient s'enclaver dans un angle aigu, formé par les deux fragments supérieurs, et dont le sommet est situé à 1 millimètre de l'articulation. Ces deux fragments supérieurs, qui comprennent chacun l'un des condyles, atteignent sur les côtés une longueur de 8 centimètres; sur la face postérieure, leur hauteur est de 25 millimètres, et en ce point le trait de fracture, qui les sépare du corps du tibia, est transversal. La ligne de rupture, qui sépare l'un de l'autre les deux condyles, est irrégulièrement verticale.

4° *Fractures verticales de l'extrémité supérieure du tibia.* — Dans les fractures que nous avons étudiées jusqu'à présent, bien que la forme de la solution de continuité soit essentiellement variable, nous retrouvons un caractère commun, à savoir que l'extrémité supérieure du tibia est isolée du corps de l'os. Cependant l'on peut rencontrer au tibia des fractures articulaires, sans que la tête de l'os soit séparée du corps; elles se présentent sous forme de *fissures*, ou même de fractures complètes, dont la direction est sensiblement *verticale*. Elles peuvent exister sans qu'il y ait division complète de l'os en aucun de ses points. Toutefois elles accompagnent le plus habituellement une fracture complète de la diaphyse du tibia, dont la forme est variable.

Tel était le cas chez un malade, dont M. Gosselin présenta le tibia à la Société de chirurgie, le 4 mars 1857. Cet homme avait été pris sous un éboulement de terre, et avait subi le jour même l'amputation de la cuisse à l'hôpital Cochin. Il avait une fracture dentelée du fémur gauche, avec fissures partant de la base des dents sur le fragment supérieur, et se dirigeant de bas en haut dans l'étendue de 5 à 6 centimètres. La jambe du même côté était le siége d'une fracture comminutive à 4 travers de doigt au-dessous de la tubérosité antérieure du tibia, avec plaie, issue du fragment inférieur dans l'étendue de 6 à 7 centimètres, et réduction impossible. Ce fragment offrait une coupe oblique de haut en bas et d'avant en arrière, et représentait une longue pointe en forme de V saillant, très-dur et très-résistant. Du côté du fragment supérieur se voyait une brisure comminutive avec 12 ou 15 esquilles, dont le plus grand nombre était formé aux dépens du tissu spongieux, et de plus une division verticale des tubérosités du tibia, d'où résultait la pénétration de la fracture dans l'articulation du genou.

M. Gosselin, qui avait soupçonné l'étendue de ces désordres à cause de la disposition en V du fragment inférieur, attribua cette brisure multiple du fragment supérieur à ce que l'inférieur avait été poussé dans l'épaisseur du premier par l'action combinée de la violence extérieure et de la contraction musculaire, et avait agi sur lui en le pénétrant à la manière d'un coin. Cette explication, ajoutait-il, était confirmée par ce fait que la peau, le tissu cellulaire et les muscles ne présentaient ni les ecchymoses, ni les décollements, ni les déchirures, qu'ils auraient certainement offerts si le désordre avait été produit par l'action d'une cause directe. L'opinion de M. Gosselin cependant ne fut pas admise par tous les membres présents, et fut combattue par MM. Larrey et Giraldès, qui croyaient, l'un à une violence directe, l'autre à une fracture indirecte par flexion du tibia.

Le malade de l'observation XIX, que nous avons eu l'occasion de voir à l'hôpital Saint-Louis, dans le service de notre maître, M. Duplay, nous fournit un autre exemple de division verticale des tubérosités. Chez lui le tibia présente une fracture oblique en bas et en dedans; le fragment supérieur a 10 centimètres de hauteur en dedans, 5 centimètres en dehors. Or sur ce fragment, immédiatement en dedans de la tubérosité antérieure, qui elle-même est entamée, la face interne du tibia est divisée en deux par un trait vertical, qui dans sa partie inférieure devient oblique en dedans; ce trait de fracture est resté béant dans sa partie inférieure, tandis qu'il est consolidé dans sa partie supérieure (le malade avait été amputé environ deux mois après son accident). Il se prolonge dans l'articulation du genou où il divise incomplètement le condyle externe, et se perd vers la périphérie de ce dernier, après s'être bifurqué. La séparation entre les deux segments, dessinés ainsi sur le fragment supérieur, est très-large et très-profonde en arrière, où elle siége sur la partie la plus externe de la face postérieure pour s'arrêter en haut au niveau de l'articulation tibio-péronière. De plus le segment interne présente une fêlure verticale incomplète, ainsi qu'un trait de fracture consolidée, qui en détache la portion la plus saillante de la tubérosité interne du tibia. On remarque enfin quelques esquilles au tibia, et une fracture du péroné à 4 centimètres de son sommet, avec division verticale du fragment supérieur en deux segments.

Dans ce cas la fracture était le résultat d'une violence directe :

une roue d'omnibus avait passé sur la jambe. Il semble que, sous la pression de cette masse, les deux os de la jambe se sont brisés d'abord, puis que le fragment supérieur s'est sillonné d'une série de fentes verticales et parallèles, qui cependant n'ont pas abouti à le faire éclater complètement; et cette disposition se retrouve, non-seulement sur le tibia, mais encore sur le péroné.

Nous avons donné, dans la première partie de ce travail, plusieurs exemples de fissures intéressant la partie supérieure du tibia : aussi ne nous étendrons-nous pas plus longuement sur ce sujet. Nous renverrons aussi à la première partie pour ce qui touche les perforations de l'os. Faisons remarquer toutefois que, sous l'action d'une balle, le plateau articulaire du tibia peut être labouré en forme de *gouttière*, sans qu'il en résulte d'ailleurs d'autre fracture. C'est ce qui a eu lieu chez un malade de M. Labbé, dont M. Vaslin rapporte l'histoire (Thèse de Paris, 1871, p. 189).

Complications des fractures de l'extrémité supérieure du tibia. — Le péroné reste assez souvent intact dans les fractures de la tête du tibia. Boyer déjà avait signalé ce fait, mais sans citer aucun exemple. Philippe Boyer (1) dit avoir vu une seule fois la fracture de l'extrémité supérieure du tibia au-dessus de son articulation avec l'extrémité supérieure du péroné, et sans fracture de celui-ci ; elle avait été produite par la chute d'une pierre de taille sur le lieu même où existait la solution de continuité ; le malade guérit. Nous ferons observer à ce propos que, chaque fois que le trait de fracture siége au-dessus de l'articulation tibio-péronière, le péroné fait corps, dans sa

(1) Le baron Boyer, *Traité des maladies chirurgicales*, 5e édition publiée par le baron Philippe Boyer. Paris, 1845, t. III, p. 351.

totalité, avec le fragment inférieur du tibia; il n'y a donc pas lieu de s'étonner s'il ne se rompt pas.

Parmi les observations, que nous avons relevées, l'état du péroné n'était indiqué d'une manière précise que dans 15 cas. Or, 7 fois il était intact, 7 fois il était brisé ; enfin dans le dernier cas, sa tête était luxée en avant.

Quant à ce qui concerne la fracture du péroné, elle siégeait en des points fort divers : dans l'articulation péronéo-tibiale même, au niveau du collet, au quart supérieur, dans le milieu de l'os; dans un cas il y avait fracture double. Il résulte de là que la fracture du péroné, qui complique la fracture de l'extrémité supérieure du tibia, siége surtout dans la moitié supérieure de l'os, à un niveau d'ailleurs variable.

Nous venons de voir que dans un cas on a trouvé le péroné luxé en avant. D'autres fois c'est une luxation fémoro-tibiale que l'on observe. Malgaigne a eu à traiter une luxation du tibia en avant et en dedans avec triple fracture de l'extrémité articulaire de cet os ; il constata l'une des fractures, et méconnut les deux autres. Le malade en question, glissant du haut d'une voiture chargée de sacs de blé, était tombé sur ses deux pieds ; puis les sacs roulant après lui l'avaient renversé, et l'un d'eux l'avait frappé au côté externe de la jambe. Le déplacement antéro-interne était incomplet dans les deux sens ; la rotule faisait moins de saillie que du côté sain ; le genou paraissait aplati et élargi à la fois. Tout mouvement volontaire était impossible ; on pouvait toutefois étendre la jambe, la fléchir en arrière à angle droit, en dehors à angle obtus, et alors se produisait la crépitation. Malgaigne fit la réduction ; il eut à lutter contre des récidives si opiniâtres, qu'il lui fallut assujettir le tibia avec la pointe, dont il se servait dans les fractures obliques de cet os. Il la retira le 19e jour ; et les os restaient bien en place, quand des abcès multipliés se formèrent dans le mollet et dans la cuisse, pénétrèrent dans l'articulation, et finirent par déterminer une résorption purulente et la mort.

La fracture de l'extrémité supérieure du tibia étant assez souvent le résultat d'un grand traumatisme, il n'est pas rare de la trouver accompagnée d'autres fractures, siégeant, soit sur le tibia, soit sur des os différents. Nous ne nous occuperons pas de ces complications, mais nous appellerons l'attention sur l'une d'elles, qui s'est rencontrée un certain nombre de fois, nous voulons parler de la fracture par écrasement du calcanéum. Lorsqu'un homme fait d'une certaine hauteur une chute sur les pieds, il peut arriver qu'il se brise l'extrémité supérieure du tibia ; c'est dans les cas de fractures par ce mécanisme que l'on a observé l'écrasement du calcanéum, soit sur le même membre, soit sur celui du côté opposé. MM. Legouest, Trélat et Gosselin ont été témoins de faits de ce genre. Dans les mêmes circonstances il arrive que le fémur se rompt dans sa continuité ou au niveau de ses condyles, que l'astragale éclate en morceaux, ou que les os de la jambe se fracturent en plusieurs points.

Nous ne nous étendrons pas davantage sur les complications que peut présenter la fracture de la tête du tibia, ayant à revenir sur ce sujet à propos des symptômes et de la marche de l'affection. Pourtant nous mentionnerons l'épanchement sanguin dans l'articulation du genou, et l'arthrite de cette jointure, arthrite qui peut passer à la purulence et être la source des plus grands dangers.

ÉTIOLOGIE.

La fracture de l'extrémité supérieure du tibia est une lésion rare. Bien que l'on ne trouve pas à ce sujet de chiffres précis, il suffit pour s'en assurer, de considérer le silence qu'ont gardé les auteurs sur cette affection, ou le peu de mots qu'ils lui consacrent.

Les hommes sont beaucoup plus sujets à cette fracture que les femmes : ainsi sur 15 cas, dans lesquels le sexe est indiqué, nous comptons 12 hommes et 3 femmes seulement.

Mais une autre circonstance nous frappe davantage encore, c'est l'*âge avancé* des malades. Nous n'en avons trouvé qu'un seul, en effet, qui eût moins de 40 ans, et chez lui la fracture était le résultat d'une cause directe, le passage d'une roue de voiture. On sait que les fractures en général, et celles de la jambe en particulier, se rencontrent surtout dans la période de 25 à 60 ans ; et que leur fréquence diminue à mesure que l'on s'écarte de ce terme, dans un sens ou dans l'autre. Nous nous trouvons donc ici en face d'une exception, dont nous aurons à rechercher la cause.

Pour le moment bornons-nous aux faits. Or, l'âge des sujet n'est noté que dans dix observations, et les résultats sont les suivants :

24 ans.	1 cas.
De 40 à 50 ans.	4 »
De 50 à 60 ans.	1 »
De 60 à 70 ans.	4 »

En présence de ces chiffres l'on peut dire que la fracture de l'extrémité supérieure du tibia est une affection de l'âge mûr et de la vieillesse. Avant d'étudier les raisons de ce fait, voyons les causes qui ont présidé au traumatisme.

D'après Velpeau, Béclard aurait vu une fracture du tibia, entre l'article et la tubérosité antérieure, produite par l'action musculaire. Mais l'absence de détails ne permet pas d'ajouter une bien grande créance à ce fait, qui serait au moins extraordinaire, étant donnée la disposition des parties.

Si donc nous en faisons abstraction, nous trouvons les causes indiquées dans 14 observations, et le rôle le plus important appartient aux *causes directes*. Ainsi le passage d'une roue de voiture sur la partie superieure de la jambe est noté 3 fois, et chez une autre malade, qui a été renversée par un omnibus, le mécanisme est selon toute probabité le même. Dans 3 cas, la cause est un choc direct au lieu de la fracture ; le premier est relatif à la chute d'une pierre de taille ; dans le second, c'est un sac qui est venu frapper le membre et produire la luxation du tibia en même temps que sa fracture : dans le troisième, au contraire, c'est le malade qui est tombé, et dont la jambe est venue heurter par sa face externe l'angle d'un trottoir. Voilà donc 7 cas sur 14, dans lesquels le mécanisme est parfaitement net, et que l'on peut ranger sans hésitation parmi les fractures directes.

D'autre part nous relevons 4 faits, dans lesquels la fracture est clairement due à une *cause indirecte* : cette cause est toujours la même, c'est une *chute sur les pieds*, d'une hauteur qui est en général de plusieurs étages, excepté dans un seul cas, où elle est de 2 mètres seulement. Lorsque la fracture a lieu dans ces conditions, c'est le choc résultant de la chute qui se transmet de bas en haut à la tête du tibia, et qui envoie celle-ci se briser contre les condyles du fémur ; ou, pour parler plus exactement, c'est le fémur, animé de son mouvement de descente, qui vient heurter le plateau tibial, au moment où le membre est brusquement arrêté par la résistance du sol.

Il nous reste à examiner 3 cas, dans lesquels le mécanisme

est douteux. Dans l'un d'eux, cité par les traducteurs d'A. Cooper, le malade est tombé du haut d'un chariot; mais comme l'observation n'entre dans aucun détail, nous sommes obligés de rester dans le doute, d'autant plus que la nature de la fracture ne nous éclaire pas davantage.

Dans le second cas, dû à M. Gosselin, il s'agit d'un homme qui a été pris sous un éboulement, et qui a présenté une fracture du tiers supérieur du tibia, avec V à pointe supérieure, esquilles nombreuses en face de cette pointe, et division verticale des tubérosités. M. Gosselin, se basant sur la forme anatomique de la fracture et sur l'absence d'ecchymose et d'épanchement sanguin, attribua la lésion à un choc violent de haut en bas. Nous avons vu plus haut que cette opinion a été combattue à la Société de chirurgie. Quoi qu'il en soit, il nous semble que, si l'absence d'ecchymose au niveau de la fracture est invoquée contre le mécanisme par cause directe, il faudrait démontrer l'existence de ce symptôme au point supposé où la violence a porté ; sinon, l'argument perdrait sa valeur. Or, l'observation ne donne pas de renseignements à ce sujet. Nous sommes donc dans le doute pour ce cas, comme pour le précédent.

Enfin le dernier fait, que nous relatons à l'observation XV, concerne un homme, qui fut pris aussi sous un éboulement. Mais ici on ne saurait admettre que le coup ait porté sur la cuisse, le genou étant fléchi, et que le fémur ait fait éclater les condyles du tibia : en effet, la cuisse n'était pas atteinte extérieurement, et les lésions de la peau indiquaient nettement que le point d'application de la violence siégeait en arrière, à la partie toute supérienre de la jambe ; d'ailleurs, l'ecchymose ayant été assez vaste, il était difficile de préciser rigoureusement. M. S. Duplay, dans le service duquel nous avons observé ce malade, crut à une fracture par arrachement (1). Pour lui l'intégrité de la rotule, du ligament rotulien et de la tubérosité antérieure prouverait que la jambe était dans l'extension forcée ; dans cette position le tibia aurait reçu sur une large surface le pan de mur qui s'écroulait, et l'exagération du mouvement d'extension, mouvement dans lequel tous les ligaments sont tendus, à l'exception des ligaments antérieurs, aurait déterminé l'arrachement du plateau tibial.

Nous ferons remarquer que cette hypothèse s'accorde difficilement avec la multiplicité des fragments que l'on observait. D'autre part, étant donné que le choc a porté sur la partie postérieure de la jambe, nous ne comprendrions l'arrachement que si celle-ci avait été en liberté dans l'espace ; or le membre reposait au contraire sur le sol. Aussi, sommes-nous disposé à admettre plutôt une cause directe. Cet homme était occupé à piocher au pied d'un mur, quand celui-ci s'est éboulé ; il avait probablement la jambe légèrement fléchie sur la cuisse, position que l'on prend habituellement dans ce genre de travail. Supposons qu'à ce moment une pierre soit venue frapper en arrière la partie toute supérieure de la jambe, elle aura pu fort bien déterminer une fracture au point touché.

Nous n'insisterons pas davantage sur ce cas particulier ; mais il nous conduit à nous demander si le mécanisme de l'arrachement est possible, et, en l'absence de faits cliniques bien probants, l'expérimentation seule peut éclaircir ce point.

Nous y avons eu recours, mais nos expériences ont été trop peu nombreuses pour juger la question. Nous avons cherché à exagérer le mouvement d'extension, en procédant de deux fa-

(1) S. Duplay, Cliniques de l'hôpital Saint-Louis, in *Progrès médical*, 1876, p. 325.

çons : ou bien le sujet était couché sur le ventre, le genou portant sur le bord de la table ; ou bien il reposait sur le dos, et l'on appuyait sur la cuisse pour la maintenir par terre, en même temps que l'on soulevait la jambe. Nous n'avons opéré que sur des cadavres d'adultes, et nous avons toujours obtenu une rupture du ligament postérieur de l'articulation du genou compliquée de lésions variables, telles que l'arrachement des ligaments croisés à l'une ou l'autre de leurs insertions, ou même l'arrachement de la tête du péroné.

Des expériences bien plus nombreuses et plus variées ont été faites par Bonnet, de Lyon (1), dans le but d'étudier le mécanisme de l'entorse du genou ; et voici les résultats auxquels il est arrivé.

Bonnet produisait l'extension forcée de la jambe en appuyant fortement sur le devant de l'articulation du genou, celle-ci n'étant pas soutenue en arrière, et le membre inférieur reposant sur la face postérieure par l'extrémité supérieure de la cuisse et par l'extrémité inférieure de la jambe. Dans ces conditions les désordres se bornèrent aux parties molles chez les adultes de bonne constitution ; chez les jeunes sujets on observa le décollement des épiphyses, et plus souvent la fracture de l'os au-dessus du cartilage épiphysaire ; au contraire on obtint des fractures des extrémités osseuses, sur les cadavres des individus avancés en âge ou de mauvaise constitution.

Entrons dans quelques détails.

Sur les cadavres des individus adultes et bien constitués le mouvement forcé d'extension donne lieu à des craquements multipliés, après lesquels le creux du jarret devient saillant ;

(1) A. Bonnet, *Traité des maladies des articulations*. Paris, 1845, t. II, p. 178.

la jambe et la cuisse font en avant un angle rentrant qui peut aller jusqu'à 60°, sans que le déplacement soit permanent. Les vaisseaux et nerfs poplités n'ont jamais présenté de lésion appréciable. Le muscle demi-tendineux, les jumeaux, le poplité sont dilacérés, toutes les fois que l'extension forcée est poussée assez loin pour que la jambe fasse avec la cuisse un angle droit ouvert en avant. Le ligament postérieur est déchiré à sa partie moyenne, les ligaments croisés sont arrachés de leurs insertions au fémur, ou plus rarement de leurs adhérences au tibia. Les ligaments latéraux enlèvent toujours leurs points d'insertion au fémur. Les cartilages semi-lunaires demeurent le plus souvent appliqués sur le tibia ; quelquefois cependant leur extrémité postérieure est entraînée par le fémur, déchire ses adhérences au pourtour de la capsule articulaire et quitte ses rapports avec le rebord de la surface articulaire du tibia, de manière à être en quelque sorte flottante dans l'intérieur de la jointure. Dans l'une des expériences, le ligament postérieur fut arraché en arrière à son insertion au fémur, au-dessus du condyle interne, et, par suite de cette rupture incomplète, une partie du cartilage articulaire était à nu dans le mouvement d'extension, et la capsule venait la recouvrir, quand la jambe était ramenée dans la flexion.

Sur les jeunes sujets, le mouvement forcé d'extension produit la fracture des extrémités articulaires. Cette solution de continuité a lieu rarement au niveau de l'union de l'épiphyse avec le corps de l'os ; le plus souvent, l'os est brisé immédiatement en deçà de ce point. Le plus ordinairement c'est la jambe qui cède, et les fragments écartés en arrière sont en contact immédiat par leur partie antérieure, qui présente un écrasement marqué. Dans ce cas, le périoste, plus adhérent au fragment supérieur qu'au fragment inférieur, se détache de celui-ci dans un point plus déclive que le lieu de la fracture, et demeure attaché au pourtour du fragment supérieur. Ce fragment ressemble alors à une sorte de couvercle, dont les rebords membraneux s'interposent quelquefois entre les deux portions de l'os, et peuvent s'opposer à une coaptation parfaite. Les ruptures musculaires sont beaucoup plus rares sur les jeunes sujets que sur les adultes.

Sur les sujets avancés en âge ou de mauvaise constitution, le mouvement forcé d'extension a toujours produit la fracture des extrémités osseuses, dans les expériences de Bonnet. Sur huit expériences, sept fois la jambe a été fracturée, une seule fois le fémur a été brisé à son extrémité inférieure, immédiatement au-dessus des condyles. La solution de continuité du tibia n'est jamais telle que les fragments s'abandonnent entièrement; ils sont adhérents l'un à l'autre, surtout à la partie antérieure, par l'intermédiaire des tissus fibreux qui entourent l'articulation. Cette fracture est ordinairement oblique de haut en bas et d'arrière en avant, elle commence en arrière à 2 cent. de la jointure, et se termine en avant au-dessus de l'épine du tibia. L'insertion du demi-membraneux appartient toujours au fragment supérieur, les muscles de la patte d'oie s'insèrent au fragment inférieur. Le plus souvent le péroné est également fracturé; mais cette fracture est incomplète, le périoste et les ligaments unissent toujours les deux fragments.

Ces fractures de l'extrémité supérieure de la jambe s'accompagnent d'un déplacement suivant la direction; c'est-à-dire que, le fragment inférieur se portant en avant pendant le mouvement forcé, tandis que le supérieur est maintenu par les ligaments, il en résulte un écartement en arrière et une sorte d'écrasement en avant. Ce déplacement persiste alors même que la jambe est reportée dans sa position normale. Le genou fait une saillie considérable en avant; l'axe de la jambe, parallèle à celui de la cuisse, semble placé sur un plan postérieur; on croirait à une luxation du tibia en arrière. La rotule est couchée horizontalement sur les condyles du fémur, et sa face antérieure fait un angle droit avec la face antérieure de la jambe. Il est facile, ajoute Bonnet, de comprendre la production de cette difformité, si l'on réfléchit qu'en ramenant la jambe dans une direction parallèle à celle de la cuisse, le mouvement s'est passé, non entre les fragments de la fracture, mais dans l'articulation elle-même; dès lors le fragment supérieur est dans un état de flexion forcée, tandis que la jambe est dans l'extension. Le meilleur moyen, dans ces cas, de réduire la fracture et de faire cesser l'écartement des fragments en arrière, c'est de porter la jambe dans la flexion la plus forte; le fragment supérieur étant retenu par son contact avec la cuisse, le mouvement se passe nécessairement entre les fragments, qui sont ainsi rapprochés l'un de l'autre en arrière.

Des déchirures musculaires accompagnent toujours, dans ces expériences, les fractures des extrémités osseuses; quand le tibia est brisé, le muscle poplité et les deux jumeaux sont le plus souvent dilacérés. Les muscles de la région postérieure de la cuisse sont ordinairement intacts; car, à part le couturier, le demi-tendineux et le grêle interne, ces muscles restent adhérents au fragment supérieur, et leur tension, d'après Bonnet, est, aussi bien que la résistance des ligaments, une des causes déterminantes de la fracture des os. Enfin dans les fractures des extrémités osseuses, les ligaments ont toujours paru être intacts; les vaisseaux et les nerfs n'ont jamais offert de lésion appréciable.

Bonnet a étudié aussi l'action que l'exagération des mouvements de flexion et de latéralité peut avoir sur le genou. Les premiers ne donnent lieu à aucune lésion physique. Quant aux mouvements forcés de latéralité de la jambe sur la cuisse, ils ont donné des résultats différents suivant la manière de procéder.

Lorsque la cuisse, maintenue immobile, reposait sur un plan solide par une de ses faces latérales, jusqu'au niveau de l'articulation, on produisait de véritables luxations, quelquefois complètes, mais le plus souvent incomplètes.

D'autre part, si l'on appuyait fortement sur l'un des côtés de l'articulation, tandis que les extrémités supérieure et inférieure du membre reposaient sur un plan solide par une de leurs faces latérales, et de manière que la partie moyenne ne fût pas soutenue, on arrivait aux résultats suivants. Sur les cadavres d'adultes de bonne constitution, déchirure des ligaments et des muscles, sans déplacement permanent des os. Sur les jeunes sujets, décollement des épiphyses, accompagné le plus souvent de fractures. Sur les sujets avancés en âge, ou même sur les adultes de mauvaise constitution, à système osseux très-friable, fracture des extrémités articulaires.

Dans ces dernières conditions, le tibia a été fracturé 6 fois sur 8, et le fémur 2 fois seulement. Plusieurs fois on a observé seulement l'écrasement de la surface articulaire du tibia du côté où les os étaient pressés l'un contre l'autre. Dans les fractures de la jambe, le déplacement n'a jamais été considérable, étant limité par le périoste et les tissus fibreux. Dans le mouvement forcé d'abduction, l'extrémité supérieure du péroné s'est trouvée souvent écrasée et refoulée en dehors, et la fracture de l'extrémité supérieure du tibia venait se terminer en dehors, immédiatement au-dessous de l'articulation péronéo-tibiale. Dans le mouvement d'adduction, la tête du péroné a été arrachée par le ligament latéral externe, une fois sur cinq expériences ; deux fois le fémur a été brisé, et deux fois le tibia a été écrasé au côté interne sans fracture du péroné. Dans toutes ces fractures, les ligaments sont demeurés intacts, ainsi que les vaisseaux et les nerfs principaux. Dans les fractures du tibia le muscle poplité a toujours été dilacéré ; les jumeaux, le biceps ont éprouvé des ruptures diverses ; quant au demi-membraneux, il a toujours paru intact, la fracture ayant constamment lieu au-dessous de son insertion.

Enfin Bonnet a constaté que, dans les mouvements forcés de rotation de la jambe sur la cuisse, l'articulation reste intacte, tandis que le tibia est fracturé à sa partie moyenne et le péroné à sa partie supérieure. Sur quinze expériences, cette fracture a été observée quatorze fois ; une seule fois il s'est fait une sorte de luxation incomplète.

Nous trouvons encore, relativement à la torsion du tibia, des expériences intéressantes dans la thèse de M. Leriche (1), élève de M. Tillaux. M. Leriche opérait sur des tibias isolés, et par la torsion il obtenait des fractures en V avec fissures. En laissant de côté, dans ces expériences, tout ce qui est étranger à notre sujet, nous nous bornerons à dire que, lorsque l'extrémité supérieure de l'os était immobilisée, et que le lien, à l'aide duquel on agissait sur l'extrémité inférieure, s'enroulait jusqu'à l'union du tiers moyen et du tiers inférieur, on produisait une fracture dans la moitié supérieure ; le fragment supérieur était taillé en pointe ; l'on observait de plus des esquilles et des fissures siégeant de préférence sur ce fragment.

Si, expérimentant d'une façon différente, on immobilisait

(1) C. Leriche, *Etude sur le mécanisme de la production des fractures en V héliçoïdales du tibia*. Thèse de Paris, 1873.

l'extrémité inférieure, c'est sur le fragment inférieur qu'existaient les fissures. D'ailleurs, lorsqu'on ne prenait pas les précautions que nous avons indiquées, la torsion amenait inévitablement une fracture à l'union du tiers inférieur et du tiers moyen, point le moins résistant de l'os.

Si maintenant, jetant un coup d'œil d'ensemble sur toutes ces expériences, nous nous demandons dans quelles circonstances s'est produite la fracture du tibia, nous arrivons aux conclusions suivantes :

1° La *rotation forcée* de la jambe produit la fracture de l'os dans sa portion moyenne ou inférieure ; elle n'agit sur la partie supérieure que dans des conditions toutes spéciales.

2° Sur les *jeunes sujets*, les mouvements forcés *d'extension ou de latéralité* sont suivis du décollement de l'épiphyse supérieure du tibia, souvent accompagné de fracture.

3° Enfin sur les *sujets avancés en âge*, ou de mauvaise constitution, les mouvements forcés *d'extension ou de latéralité* déterminent la fracture de l'extrémité supérieure du tibia, avec ou sans fracture du péroné.

Le point que nous retiendrons dans ces conclusions, c'est l'*arrachement du plateau tibial chez les sujets âgés ou de mauvaise constitution*. Chez eux, vu la raréfaction du tissu spongieux, les os deviennent friables, tandis que le système ligamenteux conserve toute sa puissance. La conséquence de cette modification, c'est que la distension de la jointure, au lieu de rompre les ligaments comme chez l'adulte, a pour effet de fracturer les os.

De la raréfaction du tissu spongieux résulte encore ce fait, que les causes directes amènent plus facilement la fracture de l'extrémité supérieure du tibia chez les vieillards que chez les adultes.

Toutes ces raisons nous font comprendre pourquoi cette fracture se voit surtout chez des sujets âgés de plus de 40 ans. Nous ferons remarquer que c'est, au contraire, dans la période de 20 à 50 ans que sont comprises presque toutes les observations de luxation du genou.

Il nous reste à examiner un point important de l'étiologie de ces fractures. Y a-t-il un rapport bien évident entre le mécanisme de la lésion et la forme qu'elle affecte ? Il est difficile de répondre à cette question. Dans les expériences de Bonnet la même manière de procéder amène assez généralement la même forme de fracture ; mais il ne s'agit là que d'un mécanisme tout particulier. Or d'autre part, nous voyons la même cause, le passage d'une roue de voiture, produire tantôt une fracture bicunéiforme, tantôt une fracture sous-condylienne avec division du fragment articulaire en plusieurs segments, tantôt encore desfractures verticales des tubérosités. De même à une chute sur les pieds a succédé ou un véritable éclatement de la tête du tibia, ou une fracture sous-condylienne avec division du fragment supérieur en deux ou en un plus grand nombre de morceaux. Il semble donc que la connaissance de la cause de la fracture ne peut pas nous faire préjuger la nature de celle-ci, et ne nous est pas d'un grand secours au point de vue du diagnostic différentiel des nombreuses variétés que l'on rencontre.

Il résulte de tout ce qui précède, que l'on peut résumer l'étiologie des fractures de l'extrémité supérieure du tibia, en disant que cette lésion est rare, et se rencontre principalement chez des sujets âgés de plus de 40 ans. La raréfaction du tissu spongieux des extrémités osseuses chez les vieillards rend parfaitement compte de cette particularité.

Quant aux causes de cette fracture, ce sont le plus souvent des violences directes au point même où l'os se brise, ou des chutes sur les pieds faites d'une certaine hauteur. L'expérimentation démontre de plus que, chez les sujets âgés ou de mauvaise constitution, la fracture du plateau tibial peut être le résultat de mouvements forcés d'extension ou de latéralité de la jambe.

SYMPTOMATOLOGIE.

Nous abordons ici la partie la plus obscure de notre sujet. Ce sont surtout des pièces anatomo-pathologiques, ou des observations dans lesquelles l'exposé des symptômes s'effaçait devant les résultats de l'autopsie, qui nous ont servi à classer ces fractures ; aussi ne nous reste-t-il que peu de documents, pour tracer le tableau clinique de cette affection.

La *douleur* et l'*impuissance du membre* semblent être des symptômes à peu près constants. Il ne faut pas oublier d'ailleurs que la fracture, que nous étudions, est d'ordinaire le résultat d'une grande violence, qu'elle s'accompagne assez souvent d'autres délabrements, et que pour tous ces motifs, un certain degré de stupeur chez le blessé n'est pas bien rare. L'impuissance du membre est absolue ; nous ne connaissons pas de cas dans lesquels le blessé ait pu faire quelques pas après l'accident, bien que l'on comprenne théoriquement la possibilité de ce fait dans certaines de ces fractures. Quant à la douleur, elle est vive, non-seulement au moment de l'accident, mais encore lorsque l'on explore plus tard la région, et elle constitue quelquefois un obstacle des plus sérieux au diagnostic.

En examinant le malade, le chirurgien est frappé tout d'abord du *gonflement considérable de la région du genou*. Ce symptôme est dû tout à la fois à l'infiltration des tissus qui avoisinent le foyer de la fracture, et à l'épanchement qui se fait dans la jointure, épanchement d'autant plus abondant, que fort souvent le genou a subi une contusion directe. Lorsque la fracture communique avec l'articulation, c'est généralement du sang qui envahit celle-ci ; dans le cas contraire, c'est un liquide séreux. Le gonflement de la région, dû à ces causes multiples, se développe rapidement ; d'ordinaire il atteint son maximum dès le premier jour. Il peut s'étendre à la partie inférieure de la cuisse, et descendre fort bas sur la jambe.

Lorsque l'on explore le membre, on sent une tension, une rénitence spéciale des tissus ; si l'on appuie avec force, ceux-ci gardent l'empreinte du doigt. Mais en même temps la distension du genou, qui dessine dans une certaine mesure la forme de l'articulation, et une sensation d'élasticité avertissent le chirurgien de l'existence de l'épanchement articulaire. Si l'on peut percevoir la fluctuation, et constater le choc de la rotule contre les condyles du fémur, ce point du diagnostic sera complétement éclairci ; mais il est des cas où cette constatation est impossible, la douleur, l'infiltration des tissus extérieurs ou la trop grande tension de la jointure y mettant obstacle.

A côté du gonflement vient se placer l'*ecchymose*, dont le moment d'apparition peut varier, mais qui prend un développement considérable, envahissant tout à la fois la jambe et la cuisse, et faisant des progrès pendant plusieurs jours. Lorsque la fracture est directe, et qu'il y a contusion des téguments, il est clair que l'ecchymose apparaît plus rapidement ; mais, même dans les fractures indirectes, ce symptôme se manifeste d'une façon précoce. D'ailleurs, il s'accompagne assez souvent de phlyctènes, ou d'attrition des parties molles. On cite cependant des cas de fractures indirectes de l'extrémité supérieure du tibia, dans lesquels l'ecchymose a manqué.

La *mobilité anormale*, bien qu'elle ne soit pas constante, est généralement facile à constater, surtout si, fixant la cuisse, on porte la jambe dans diverses directions. Toutefois, il faut être fort circonspect dans cette exploration, qui peut avoir pour le malade des conséquences fâcheuses. On pourra percevoir la *crépitation*, en opérant de la manière que nous venons d'indiquer, ou encore en la cherchant directement dans le genou; mais ce symptôme est loin de se rencontrer dans tous les cas, et il est prudent de ne pas insister sur sa recherche.

Il nous reste à parler de la *déformation du membre* et des divers déplacements que l'on observe. Remarquons tout d'abord que cette déformation est éminemment variable, et qu'elle dépend tout à la fois de la forme de la fracture et du mécanisme qui a présidé à sa production. Dans certains cas on n'a pas trouvé le moindre déplacement, bien que la fracture fût complète, et en l'absence d'autre symptôme pathognomonique, on a dû se demander si l'on n'était pas en présence d'une simple contusion du genou.

Mais d'habitude il n'en est point ainsi ; et parmi les changements de forme que l'on rencontre, nous signalerons tout d'abord une *dépression à peu de distance au-dessous de la rotule*. En même temps, la jambe est reportée en arrière dans sa totalité, tout en restant parallèle à la cuisse, et le genou paraît beaucoup plus saillant qu'à l'état normal. Si l'on promène le doigt sur le membre de haut en bas, on constate qu'après avoir dépassé la rotule, ce doigt subit un ressaut qui le porte en arrière; puis il reprend, en suivant le tibia, la direction primitive.

A quoi faut-il attribuer cette déformation, que l'on observe surtout dans les fractures sous-condyliennes ? Si l'on considère que, dans cette forme, la solution de continuité siége au-dessus de la tubérosité antérieure, on remarquera que les seuls muscles qui s'insèrent au fragment supérieur sont le demi-membraneux et l'expansion du biceps, c'est-à-dire des muscles fléchisseurs ; quant au ligament rotulien et aux muscles de la patte d'oie, ils s'implantent sur le fragment inférieur. Il résulte de cette disposition, que le fragment supérieur, fixé solidement contre le fémur par les ligaments latéraux et croisés, se trouve entraîné dans la flexion. Mais le fragment inférieur, ou en d'autres termes le corps du tibia, n'abandonne pas le supérieur ; il suit son mouvement, attiré en haut par les muscles de la cuisse ; seulement, au lieu de se fléchir, il reste parallèle au fémur. De la sorte, il est reporté en arrière dans sa totalité ; de plus, tandis qu'en avant il est appliqué contre le fragment supérieur, il s'en écarte au contraire à la partie postérieure.

On voit par cette description que le fémur et les deux fragments du tibia figurent une ligne brisée, une sorte de Z. La déformation du membre, qui en est la conséquence, rappelle dans une certaine mesure, le *dos de fourchette* de la fracture du radius; la jambe correspondant au manche de l'instrument et la cuisse aux branches.

Il est des cas où la déformation que nous signalons est augmentée par la flexion et diminuée par l'extension de la jambe. Plus souvent, au contraire, c'est par la flexion qu'on parvient à la faire disparaître, tandis que l'extension l'exagère et empêche la réduction. C'est cette dernière circonstance que l'on remarquait dans l'observation XV. Il s'agissait d'une fracture sous-condylienne oblique en bas et en arrière, et à plusieurs fragments. Dans l'extension, le corps du tibia tendait à s'écarter davantage en arrière du fragment supérieur qui restait fléchi; au contraire la flexion de la jambe avait pour résultat de diminuer l'écartement, et d'appliquer exactement l'une contre l'autre les surfaces des deux fragments. Ce fait est des plus instructifs au point de vue des indications thérapeutiques.

La disposition inverse à celle que nous venons de décrire, c'est-à-dire la saillie du fragment supérieur a-t-elle été observée ? Nous n'en connaissons pas d'exemple, et ce n'est pas sans surprise que nous lisons dans le *Traité de pathologie externe* de Follin (t. II, p. 914), le passage suivant : « Dans la fracture de l'extrémité supérieure du tibia, lorsque la solution de continuité s'est faite au-dessus de l'articulation supérieure de cet os avec le péroné, le déplacement le plus ordinaire consiste dans une saillie en avant du fragment supérieur. Cette saillie, produite par la contraction des muscles qui s'insèrent à la rotule, augmente dans la flexion de la jambe sur la cuisse, et diminue dans l'extension. »

Evidemment ce déplacement est possible, même lorsque la fracture siége au-dessus de l'articulation tibio-péronière, mais uniquement dans le cas rare où le trait, partant du point indiqué, descend en avant, au-dessous de la tubérosité antérieure ; c'est ce qui a lieu dans certaines fractures cunéiformes. Mais d'une manière générale, l'assertion de Follin n'en est pas moins erronée : le point d'attache du ligament rotulien est situé bien plus bas que l'articulation tibio-péronière, et les fractures, qui siégent au-dessus de celle-ci laissent d'ordinaire au-dessous d'elles le lieu d'insertion du ligament. Le fragment supérieur ne peut donc pas être soulevé par les muscles rotuliens.

Cependant il existe d'autres déformations, que l'on peut observer dans les fractures de l'extrémité supérieure du tibia. L'une des plus importantes est *l'élargissement de cette extrémité*. Pour que ce symptôme se rencontre, il faut qu'il y ait une sorte d'éclatement de la tête du tibia ou tout au moins que le fragment supérieur soit divisé en plusieurs morceaux. D'ailleurs il doit être fort difficile de constater cet élargissement, à moins qu'il ne soit très-accusé, le gonflement gênant notablement l'exploration.

Au lieu d'un élargissement portant sur toute l'extrémité, on observe encore des *saillies partielles* dues à ce qu'un fragment, détaché complètement de l'os, est repoussé vers l'extérieur. Il arrive même, dans ces cas, que la mobilité de ce fragment et la crépitation qu'il donne, soient manifestes, et permettent un diagnostic facile, tandis que la fracture principale se dérobe, et ne fournit que des signes obscurs.

Indépendamment de ces diverses déformations, qui portent sur le genou, la jambe peut présenter des *déviations*, et tout d'abord on la rencontre assez souvent dans la rotation en dehors. Le chevauchement ne s'observe pas, vu la grande largeur des surfaces fracturées ; mais le tibia peut être repoussé en masse en arrière, comme nous l'avons vu plus haut, ou encore sur l'un ou l'autre des côtés. Dans d'autres cas son axe forme un certain angle avec l'axe de la cuisse ; c'est ce que l'on observe surtout lorsque la solution de continuité est très-oblique, c'est-à-dire dans les fractures cunéiformes.

D'ailleurs, dans cette dernière variété, comme la pointe inférieure du fragment supérieur dépasse le quart ou le tiers supérieur du tibia, la symptomatologie se rapproche beaucoup de celle des fractures du tiers supérieur de l'os, et nous renverrons, pour ce qui les touche, à la première partie de ce travail.

Quant aux fractures verticales des tubérosités qui compli quent une fracture du tibia située plus bas, on ne pourra guère que les soupçonner si elles sont incomplètes, si elles consistent en de simples fissures, et même si elles intéressent l'os assez profondément, sans le diviser en fragments distincts.

Nous ajouterons que quelquefois, lorsque le gonflement est faible, ou plutôt lorsqu'il a disparu après quelques jours ou quelques semaines, on parvient à délimiter avec les doigts les contours des fragments, et à leur imprimer des mouvements directs; ce qui permet d'asseoir solidement le diagnostic. Mais il est rare que cette circonstance se présente au début, au moment où l'incertitude est la plus grande.

Nous venons de voir les symptômes des fractures de l'extrémité supérieure du tibia; nous ne nous étendrons pas sur les *complications*. Les plaies aggravent singulièrement le pronostic de cette lésion, surtout lorsqu'elles mettent l'articulation en communication avec l'air extérieur. C'est dans ce dernier cas que l'on peut observer un écoulement de synovie; c'est encore dans ce cas que la plupart des chirurgiens pratiquent l'amputation immédiate de la cuisse, spécialement dans les blessures par armes à feu qui s'accompagnent d'esquilles.

Indépendamment des plaies, il peut arriver que la violence de la contusion, jointe à l'énorme épanchement sanguin des tissus, produise du sphacèle ou des décollements de la peau. Le malade de l'observation XV a présenté, au niveau où avait porté le coup, une oblitération de l'artère poplitée, qui a été suivie de gangrène du pied.

Enfin quand l'inflammation s'empare du foyer de la fracture, on voit survenir les complications les plus graves : l'arthrite suppurée du genou, le phlegmon diffus, l'infection purulente, les suppurations de longue durée, qui épuisent le malade, en sont les suites les plus habituelles.

Nous avons dit un mot des complications qui résultent d'une luxation du tibia ou du péroné, ou bien encore d'une fracture, soit du tibia dans sa continuité, soit d'un os voisin. Nous ne reviendrons pas sur ce sujet, en faisant remarquer toutefois que la fracture du péroné n'est pas de nature à modifier sensiblement le pronostic ou le traitement, et qu'on s'exposerait à nuire au malade en insistant sur la recherche de l'état de cet os. D'une manière générale, on peut dire que lorsque la fracture siége sur le tibia au-dessus de l'articulation tibio-péronière, c'est-à-dire lorsque le péroné tout entier fait corps avec le fragment inférieur, cet os n'est pas fracturé. Dans les cas beaucoup plus nombreux, où l'articulation tibio-péronière siége sur le fragment supérieur du tibia, l'état du péroné varie, mais il est plus fréquent de le trouver brisé.

DIAGNOSTIC.

Le diagnostic est souvent rendu très-difficile par l'absence des signes physiques, et surtout par la douleur et le gonflement considérable du genou, qui s'opposent à l'examen des parties. Mis en présence d'une fracture de ce genre, le chirurgien pourra songer à une contusion, à une entorse, à une luxation, ou bien encore à la fracture d'un os autre que le tibia.

C'est évidemment dans les cas où l'on ne constatera ni déformation, ni crépitation, que l'on pourra croire à une simple *contusion*. La confusion ne sera possible d'ailleurs que s'il s'agit d'une fracture par cause directe; si le malade accusait nettement une cause indirecte, on écarterait d'emblée l'hypothèse de contusion simple. La douleur, l'ecchymose, le gonflement, l'épanchement dans le genou ne sauraient mettre sur la voie du diagnostic; l'impuissance du membre même peut être absolue dans la contusion. Pourtant en général le blessé peut faire quelques mouvements en surmontant sa douleur. D'autre part, même en l'absence de crépitation et de déformation appréciable, on peut habituellement dans la fracture constater une certaine mobilité au niveau du genou, en faisant fixer la cuisse par un aide, et en saisissant la jambe à pleine main. Mais ce n'est qu'avec une extrême prudence qu'il faut faire ces recherches ; et mieux vaut certainement rester dans le doute pendant quelques jours, en attendant que le gonflement se calme, plutôt que d'augmenter les dégâts par des manœuvres intempestives.

L'*entorse du genou* pourra dans certains cas être prise pour une fracture de l'extrémité supérieure du tibia. Dans cette affection la douleur siégera au niveau des ligaments, c'est-à-dire plus haut que dans la fracture; l'ecchymose sera moins forte; il en sera de même du gonflement. Si le malade peut donner des renseignements sur le mécanisme de la lésion, on trouvera là des éléments précieux de diagnostic. Toutefois ces caractères différentiels ne peuvent donner aucune certitude ; et, comme la mobilité dans le genou se rencontre aussi dans l'entorse compliquée de forte déchirure des ligaments, bien qu'elle ait alors son siége en un point plus élevé que dans la fracture, on n'aura pour lever les doutes, en l'absence de tout déplacement, que la crépitation ou la mobilité d'un fragment constatée directement.

Si la fracture de l'extrémité supérieure du tibia s'accompagne de déformation, ce n'est plus à la contusion ou à l'entorse que l'on sera conduit à songer, mais à une *luxation* ou à une *fracture d'un autre os*. Nous avons vu que le déplacement le plus fréquent est le déplacement du tibia en arrière avec dépression au-dessous de la rotule. Une déformation semblable s'observe dans la luxation du tibia en arrière. Mais dans la luxation on reconnaîtra au creux poplité le plateau tibial tandis que la disposition des condyles du fémur se montrera en avant. De plus la fracture siége plus bas que la luxation. Des considérations du même genre permettront de reconnaître les autres luxations du tibia, et en tout cas, chaque fois que l'on rencontrera la crépitation, on pourra affirmer l'existence d'une fracture. D'ailleurs cette constatation n'exclura en rien l'idée de luxation, les deux lésions pouvant exister simultanément, comme Malgaigne en a donné un exemple. Ce sont là des cas qui permettent rarement un diagnostic précis, à moins que l'exploration directe ne soit rendue possible par l'absence de gonflement.

Supposons que la crépitation soit nette ; il pourra y avoir doute encore sur l'os fracturé. Il semble difficile que l'on puisse confondre la crépitation osseuse avec celle des caillots articulaires ; mais comment reconnaître si la lésion porte sur le fémur ou sur le tibia ? Dans certains cas, un simple coup d'œil suffit pour résoudre la question ; dans le plus grand nombre, un examen plus approfondi est nécessaire. La comparaison avec le membre du côté opposé, la recherche des saillies osseuses et de l'interligne articulaire, la constatation des points précis où siége la mobilité ou la crépitation pourront seules permettre le diagnostic.

Quant à la recherche de la variété de fracture, en présence de laquelle on se trouve, elle est difficile et reste fréquemment sans résultat. Une dépression au-dessous de la rotule indique d'ordinaire une fracture sous-condylienne, de même que l'élargissement de l'extrémité supérieure du tibia prouve qu'elle est divisée en un certain nombre de fragments. Dans les fractures cunéiformes, le trait de fracture aboutissant inférieurement à une certaine distance du genou, on pourra constater souvent cette limite inférieure, mais la plupart du temps on sera dans l'impossibilité de préciser ce que devient supérieurement le trait de fracture. Enfin les fractures verticales, qui accompagnent des solutions de continuité du tibia situées plus bas, ne pourront qu'être soupçonnées, à moins qu'elles ne divisent complétement l'os.

Nous n'ajouterons qu'un mot. Lorsque la fracture est compliquée d'une plaie étroite, il est difficile de savoir si celle-ci communique avec l'articulation, d'autant plus que le parallélisme peut être détruit. L'écoulement de synovie ne trancherait pas la question ; car il pourrait provenir de l'une des nombreuses bourses séreuses qui entourent la jointure. Malgré l'importance de ce point de diagnostic, nous conseillerons de ne pas insister sur les recherches ayant pour but de l'éclaircir, et de se guider, pour la thérapeutique, sur les autres circonstances de la fracture.

PRONOSTIC.

Comme toutes les fractures voisines des articulations, celles de l'extrémité supérieure du tibia constituent une lésion grave ; l'on peut ajouter que leur pronostic revêt un caractère fâcheux tout spécial, qui s'explique par l'importance de l'articulation lésée; par l'âge avancé de la plupart des sujets, et par la fréquence des complications, soit immédiates, soit consécutives, telles que contusion violente, plaie articulaire, phlegmon, arthrite suppurée, gangrène par compression des vaisseaux fémoraux, etc.

Un simple coup d'œil jeté sur les chiffres sera plus éloquent d'ailleurs que toutes les paroles. Sur 20 cas, dans lesquels la terminaison est notée, nous comptons 10 morts et 3 amputations ;

c'est-à-dire à peine un tiers de guérisons avec conservation du membre. Toutefois il faut remarquer que, dans un certain nombre de faits à terminaison malheureuse, l'existence de fractures multiples ou de fractures comprenant tout à la fois l'extrémité supérieure et le corps du tibia, ne permet pas de rejeter sur la lésion que nous étudions les conséquences graves qui sont résultées du traumatisme. Mais, même en faisant abstraction de ces faits, on trouve que la guérison est moins fréquente que la mort ou l'amputation, ou du moins que les cas à terminaison heureuse, et les cas malheureux se balancent à peu près.

Cependant la gravité du pronostic diffère suivant la variété de la fracture, et en particulier suivant qu'elle est articulaire ou qu'elle ne l'est pas, bien que dans ce dernier cas on ne soit nullement à l'abri des accidents inflammatoires de la jointure. Les plus graves de toutes ces fractures sont celles qui non-seulement communiquent avec l'article, mais encore se compliquent de *plaie* permettant à l'air extérieur de pénétrer entre les fragments et de se mettre en contact avec la synoviale.

« Toute fracture intra-articulaire avec plaie extérieure, dit Malgaigne, menace l'articulation d'une ankylose vraie ou fausse. Dans les grandes articulations, les accidents sont fréquemment tels qu'ils obligent tôt ou tard à l'amputation ; au genou, pour peu que la plaie soit large ou déchirée, l'amputation immédiate est la règle. »

« Les plaies pénétrantes du genou, dit M. Sédillot (1), avec fracture et fragmentation des os, paraissent exiger impérieusement l'amputation immédiate de la cuisse. »

Pourtant on a vu des cas de guérison à la suite de semblables

(1) *Arc . gén. de méd.*, 1871, série VI, t. XVII, p. 441.

traumatismes ; et Bordenave (1) cite une observation de plaie pénétrante du genou par projectile de guerre, suivie de guérison, bien que le boulet eût enlevé une portion de la rotule, du tibia, du péroné et des condyles du fémur.

Mais d'autre part nous voyons, sur une pièce figurée par M. Benjamin Anger, qu'une *arthrite suppurée* mortelle s'est développée dans un cas de simple fracture sous-condylienne sans communication du foyer avec la jointure. A plus forte raison, cette complication est-elle à craindre dans les fractures articulaires ; et l'on voit alors les fragments baigner dans le pus.

Le *phlegmon* est un autre accident redoutable de ces lésions. La suppuration du foyer de la fracture a été observée en l'absence de toute complication articulaire, et même en l'absence de plaie. La violence de la contusion initiale et l'énorme épanchement de sang qui résulte de la fracture, rendent parfaitement compte de ce fait. Nous ne ferons que citer l'oblitération de l'artère poplitée et la gangrène qui en est la suite ; l'importance de cet accident, qui s'est rencontré, se devine.

Quant à l'*état général*, il peut être gravement affecté, même en l'absence de complication locale. Sans parler de ces faits, où la violence du traumatisme ou bien la multiplicité des lésions amène la mort dans les tout premiers jours, sans parler de l'infection purulente qui souvent termine la scène, il est des cas où les malades, surtout lorsqu'ils sont avancés en âge, ne sont pas en état de fournir à la réparation, et sont emportés par des affections viscérales.

Enfin, dans les cas les plus simples, lors même que la fracture

(1) Bordenave, *Des plaies d'armes à feu*, *Mém. de l'Acad. de chir.* Paris, 1753, t. II, p. 527.

ne communique pas avec l'articulation et qu'aucune complication n'est venue entraver la guérison, la consolidation se fait souvent avec une *lenteur extrême*. Nous avons suffisamment insisté sur ce point, en traitant des fractures du tiers supérieur du tibia ; nous nous bornerons à citer ici un fait observé par M. Richet à la Pitié en 1865 (1). Il s'agit d'un homme atteint d'une fracture transversale du tibia gauche, à 1 centimètre 1/2 au-dessous de l'articulation tibio-fémorale ; le péroné était intact ; trois mois après l'accident, la consolidation n'était pas faite. Le malade n'a pu être suivi plus longtemps.

Il est vrai que d'un autre côté, nous trouvons des observations de fractures articulaires, à terminaison heureuse après un laps de temps restreint. Les traducteurs d'A. Cooper citent un cas de fracture sous-condylienne avec séparation des deux condyles, guérie en six semaines et ne laissant subsister à ce moment qu'un peu d'empâtement et de raideur. Un fait tout semblable de Jalland, que nous rapportons plus loin, s'est terminé aussi par la guérison au bout de cinq à six semaines. Nous avons vu que le musée Dupuytren possède un exemple de fracture cunéiforme consolidée, et que dans les musées de Brunswick et de Wurtzbourg se trouvent des têtes du tibia, éclatées en morceaux qui sont soudés ensemble par un cal solide. Ces exemples prouvent que la guérison est possible dans toutes les variétés.

Lorsque les malades échappent à tous les dangers, peuvent-ils du moins espérer un rétablissement complet ? Evidemment ce résultat est possible, mais par exception ; et d'une manière générale il ne faut pas compter que le membre recouvrera la plénitude de sa force et de ses mouvements. D'autre part, la réduction de la fracture et le maintien de cette réduction exi-

(1) Durochas, Thèse de Paris, 1867.

geant quelquefois que le membre soit placé dans une position assez fortement fléchie, il en résulte qu'en cas d'ankylose ou de raideur articulaire, l'impotence du malade est d'autant plus grande.

TRAITEMENT.

Les fractures de l'extrémité supérieure du tibia étant presque toujours des fractures articulaires, la première condition à remplir est le repos absolu du membre. « Il faut, dit Malgaigne, que la cuisse soit tenue immobile aussi bien que la jambe, et c'est alors surtout que la raideur articulaire est à craindre. Une légère flexion du genou est donc préférable quand les fragments n'ont aucune tendance au déplacement. Mais quand e fragment supérieur est porté en avant par les muscles rotuliens, la moindre flexion tend à accroître le déplacement, qui diminue ou disparaît par l'extension de la jambe. » Toutefois si l'extension ne suffit pas pour remédier au déplacement, Malgaigne préfère une flexion légère sur le double plan incliné, et réprime alors la saillie du fragment à l'aide de sa vis.

A. Cooper (1) s'exprime de la façon suivante : « Dans certains cas, l'extrémité supérieure du tibia se fracture obliquement. Quand la fracture s'étend dans l'articulation du genou, elle réclame le même traitement que la fracture oblique des condyles du fémur. Le traitement consiste d'abord à maintenir le membre dans l'extension, le fémur ayant pour effet dans cette attitude de maintenir la coaptation de la fracture du tibia, en remplissant l'usage d'une attelle appliquée sur la partie supé-

(1) Sir Astley Cooper, *Œuvres chirurgicales complètes*, traduites de l'anglais, avec des notes, par E. Chassaignac et G. Richelot. Paris, 1837, . 170.

rieure, et en maintenant les surfaces articulaires dans une exacte apposition. Ensuite on doit, au moyen d'une bande roulée, presser les surfaces de la fracture l'une contre l'autre. Il faut, en outre, favoriser cette pression, en appliquant une attelle de carton, et enfin recourir de bonne heure aux mouvements passifs pour prévenir l'ankylose.

« Mais lorsque la fracture du tibia, tout en étant oblique, ne pénètre pas dans l'articulation, la position du membre sur un double plan incliné est préférable, car la cause de la difformité étant l'élévation du fragment inférieur, qui est attiré en haut à la partie interne ou à la partie externe de l'articulation du genou, selon que la fracture siége au côté interne ou au côté externe du tibia, le poids de la jambe établit une sorte d'extension permanente ; car elle est comme suspendue à l'angle du plan incliné, et de cette manière, les fragments sont affrontés aussi exactement que le permet cette espèce de fracture. »

Malgaigne fait remarquer, au sujet des idées d'A. Cooper, que l'attelle de carton et le bandage, que recommande celui-ci, présentent le danger d'une pression continue sur la peau qui recouvre le tibia, et agissent avec moins de certitude que la vis. D'autre part les condyles du fémur ne pressent pas beaucoup mieux sur le tibia dans l'extension absolue que dans une flexion légère. Pour ce qui concerne l'ascension du fragment inférieur dans les fractures non pénétrantes, la meilleure preuve, selon Malgaigne, que le fragment supérieur peut se déplacer par lui-même et sans chevauchement de l'autre, c'est qu'on l'a vu faire saillie en avant, même dans les fractures du milieu de l'os, quand tout chevauchement est empêché par la résistance du péroné. Pour tous ces motifs, il regarde les idées d'A. Cooper comme spécieuses, et ajoute qu'elles ne sont appuyées sur aucun fait.

Quoi qu'il en soit, dans ces fractures, deux indications importantes ne doivent pas être perdues de vue, à savoir : immobiliser le membre après réduction, et songer aux suites du traitement. Or l'ankylose du genou est plus à craindre, lorsque la jambe est étendue sur la cuisse, que lorsqu'elle est fléchie sur celle-ci ; par contre, elle est moins grave que l'ankylose en position fléchie, puisqu'elle entrave moins les fonctions du membre. Ce sont ces motifs qui feront préférer, lorsqu'on aura le choix, une *flexion légère* ; cette position n'a pas les inconvénients de l'extension, et, en cas de raideur, elle permettrait au malade de marcher sans trop de gêne.

Malheureusement le chirurgien n'a pas toujours le choix de la position. Avant tout il faut qu'il réduise la fracture, et qu'il maintienne la réduction. Or, il est des cas où ce résultat n'est obtenu que par l'extension complète ; il en est d'autres au contraire, où une forte flexion peut seule remédier au déplacement. Ces indications devront être suivies, en dépit des conséquences qu'elles peuvent avoir ; car il s'agit tout d'abord d'obtenir une consolidation et d'éviter l'arthrite du genou. Il est toutefois des cas où l'extrême tension des tissus obligera à ajourner toute tentative de réduction, jusqu'au moment où l'on sera maître de cette complication.

Réduire la fracture et immobiliser le membre, telle est donc la première chose à faire. L'appareil que l'on emploiera variera d'ailleurs suivant les cas et suivant les préférences individuelles du chirurgien ; la gouttière, le plan incliné, l'appareil de Scultet, l'attelle plâtrée trouveront leurs indications. Mais comme le gonflement augmente pendant les premiers jours, et que l'articulation demande à être surveillée de près, il sera préférable d'appliquer un appareil, ne serrant pas le membre, et laissant le genou à découvert. Cette manière de procéder aura l'avantage, en outre, de permettre des applications émollientes ou résolutives, qui pourront agir comme adjuvant ; toutefois il ne faudrait pas avoir une foi trop grande dans leur efficacité, le meilleur des antiphlogistiques pour la fracture et pour l'arthrite étant l'immobilisation.

Lorsque l'inflammation articulaire sera conjurée et que la fracture sera en voie de guérison, il sera prudent d'imprimer de bonne heure des mouvements à la jointure, pour éviter l'ankylose. Il est évident d'ailleurs, qu'on devra mettre beaucoup de réserve dans ces tentatives, de peur de rompre le cal incomplétement solidifié.

Nous ne dirons rien du traitement des complications qui peuvent surgir ; il n'offre rien de spécial. Mais une question se pose : dans quels cas l'amputation est-elle indiquée ? Nous avons vu que la plupart des chirurgiens se prononcent formellement pour l'amputation immédiate de la cuisse, chaque fois qu'il y a fracture articulaire du genou avec plaie. On cite cependant des cas de guérison de semblables lésions ; mais ces cas sont trop exceptionnels pour infirmer la règle générale, et l'on exposerait gravement la vie des malades, par une chirurgie conservatrice à outrance.

« Tout retard à l'amputation (dans les fractures articulaires du genou par armes à feu), dit M. Sédillot (1), amène des accidents si formidables de gangrène, d'infiltrations purulentes aiguës étendues à la totalité de la cuisse, d'infections pyohémiques et septipyhémiques, qu'on se trouve dans la nécessité de recourir à une amputation secondaire quelques

(1) *Arch gén. de méd.*, 1871, série VI, t. XVII, p. 441.

jours plus tard avec moins de chances encore de succès. » Plus loin M. Sédillot ajoute : « Les fractures simples, linéaires, et les érosions osseuses en sillons, en gouttières, en ouvertures arrondies ou irrégulières, sans séparation complète des extrémités articulaires, entraînent la mort ou imposent des amputations secondaires presque toujours funestes. Mais la conservation n'en est pas néanmoins impossible, et les avantages en sont si grands qu'on peut être disposé à la tenter. »

Ces préceptes serviront de guide dans la chirurgie militaire. Mais en l'absence de plaie communiquant avec l'article, quelle sera la conduite à tenir ? Il existe des pièces qui prouvent la possibilité de la guérison dans des fractures par éclatement de la tête du tibia, et pourtant cette variété semble être l'une des plus graves. D'autre part, on a vu succomber, à la suite de fractures d'apparence moins redoutable, des sujets pleins de force, que l'amputation aurait probablement sauvés. Ces résultats contradictoires sont peu faits pour éclairer la question. Peut-être peut-on établir comme règle que, chaque fois que la tête du tibia est fortement broyée, chaque fois que la contusion des parties molles est extrême et fait prévoir la gangrène, chaque fois que l'on est en présence de complications graves, telles que l'emphysème ou la lésion des gros troncs vasculaires; que dans toutes ces circonstances il vaut mieux amputer la cuisse que de faire courir au blessé des chances nombreuses de mort, sans même avoir l'espoir d'un retour complet des fonctions du membre. On ne peut qu'abandonner à l'appréciation du chirurgien tous ces cas difficiles et douteux.

OBSERVATIONS.

Obs. XII. — (Citée par E. Chassaignac et G. Richelot, dans leur traduction des œuvres de A. Cooper. Empruntée au *London medical and physical Journal*, t. LIX, p. 517.) **Fracture sous-condylienne du tibia, avec division du fragment supérieur; guérison.**

A. Aldred, matelot, âgé d'environ 40 ans, tomba du haut d'un chariot et se fit une fracture du tibia. Il fut apporté à l'hôpital Saint-Georges deux heures après l'accident; la tête du tibia était séparée, immédiatement au-dessus de l'insertion du ligament rotulien, et le fragment supérieur était lui-même divisé en deux portions; le péroné était intact. Il y avait beaucoup de gonflement; le membre paraissait être le siége d'une abondante infiltration sanguine. La tuméfaction fit des progrès, et le lendemain la jambe était prodigieusement enflée et douloureuse autour du genou. Le malade fut saigné deux fois, on lui appliqua des sangsues; il fut purgé; le membre fut placé sur un double plan incliné, et des lotions réfrigérantes furent faites sans interruption. Sous l'influence de ce traitement, les symptômes se dissipèrent peu à peu; et cinq semaines après l'accident, on cessa l'usage de l'appareil à fracture, et l'on appliqua une bande. Une semaine après, la bande fut retirée; il n'y avait plus qu'un peu d'empâtement autour de l'articulation et de raideur dans les mouvements.

Obs. XIII. — Velpeau (*Gaz. des hôp.*, 1854, p. 201). **Fracture sous-condylienne du tibia, avec division du fragment supérieur; mort.**

Un homme de 67 ans, de constitution délabrée, tomba en voulant monter sur un trottoir; la face externe de la partie supérieure de la jambe droite vint heurter contre l'angle de la pierre; cinq jours après, on l'apporta à l'hôpital. Dans l'articulation du genou, épanchement assez considérable pour soulever la rotule. Au niveau de la tubérosité antérieure du tibia, dépression brusque et peu marquée; en ce point ecchymose et gonflement œdémateux sans douleur. Quand on saisit la jambe par son extrémité inférieure en fixant le genou, on lui fait exécuter sans peine des mouvements de latéralité, d'extension forcée, de rotation, de circumduction. Pendant ces mouvements on sent une crépitation manifeste. Diagnostic : fracture comminutive de l'extrémité supérieure du tibia, communiquant avec l'articulation.

Pendant une quinzaine de jours, plan incliné, bandage compressif. Au bout de ce temps, appareil dextriné. Il survient une diarrhée intense, à peine modifiée par le traitement; au bout d'un mois, le malade meurt dans le marasme (13 avril).

Autopsie. — Fracture ayant détaché toute l'extrémité articulaire du tibia, dirigée suivant une ligne courbe à convexité supérieure, en sorte qu'à la périphérie de l'os la portion détachée était beaucoup plus considérable. Elle-même était divisée en deux fragments distincts, l'un interne, l'autre externe, se partageant d'une manière à peu près égale la surface articulaire. Enfin une section longitudinale, faite à l'aide de la scie, permet de constater qu'il y a eu écrasement de la substance spongieuse de l'os; la cavité glénoïde interne étant profondément déprimée, comme si le condyle interne avait fortement pressé sur elle. Quoique la lésion datât de six semaines, on ne trouvait que de faibles traces de consolidation osseuse, et les tractions même légères suffisaient pour détruire les adhérences des surfaces fracturées; l'épine du tibia était arrachée et englobée, ainsi que l'extrémité inférieure des ligaments croisés, au milieu d'une exsudation plastique encore incomplétement ossifiée.

Obs. XIV. — W.-H. Jalland. (*Gaz. méd. de Paris*, 1876, p. 91. Empruntée à *The British medical Journal*, 15 janvier 1876). Fracture sous-condylienne du tibia, avec division du fragment supérieur, par cause indirecte; guérison.

Il s'agit d'un menuisier, qui était occupé à la réparation d'un hangar. Il était assis sur le toit, les jambes pendantes, quand tout à coup il glissa et tomba sur les pieds d'une hauteur de 2 mètres environ. Ne pouvant maintenir son équilibre, il roula par terre; et, quand il essaya de se relever, il fut dans l'impossibilité de le faire. En l'examinant le chirurgien constata une tuméfaction considérable du genou gauche, et une fracture transversale du tibia, située immédiatement au-dessous des tubérosités. Le fragment supérieur était lui-même divisé en deux parties, probablement par suite d'une pénétration du fragment inférieur. La tubérosité externe présentait un déplacement marqué en dehors, et la circonférence de l'extrémité supérieure de l'os fracturé excédait d'au moins un pouce celle du côté sain. Le péroné n'offrait aucune lésion. Le malade, grâce à l'application d'un bandage approprié, guérit parfaitement au bout de cinq à six semaines.

Obs. XV (personnelle). — **Duplay**. Fracture sous-condylienne du tibia, avec division du fragment supérieur en plusieurs morceaux; oblitération de l'artère poplitée; gangrène; mort.

J...., maçon, âgé de 60 ans, entre le 3 février 1876 à l'hôpital Saint-Louis, salle Saint-Augustin, n° 27, dans le service de M. Duplay. Cet homme était occupé à démolir un mur, lorsque celui-ci s'éboula sur lui, et vint frapper sa jambe droite au niveau du genou; on ramassa le blessé, et on le porta à l'hôpital.

A son entrée, le genou est tuméfié et le gonflement s'étend à cinq travers de doigt au-dessus et au-dessous de l'articulation. Les téguments à ce niveau sont extrêmement tendus, sauf à la région externe; la tuméfaction occupe surtout la partie interne et postérieure du mollet et du jarret, et une ecchymose se voit en ce point. L'articulation est distendue par un épanchement; la rotule est proéminente. Le membre est dans une flexion légère, mais on peut l'étendre et même exagérer l'extension; les mouvements anormaux sont assez étendus. A partir de la rotule, dont la pointe se dirige un peu en arrière, il faut descendre de deux travers de doigt pour rencontrer le tibia, qui est repoussé en arrière et en dehors. En arrière on trouve une saillie formée par l'extrémité supérieure du tibia. Au niveau de la tubérosité externe, on limite un fragment manifestement mobile et donnant de la crépitation, situé en avant de la tête du péroné. Le pied est dans la rotation en dehors. — Gouttière ; cataplasmes.

4 février. Ecchymose et phlyctènes séro-sanguinolentes énormes à la jambe, surtout à la partie postérieure, dues évidemment à la contusion. La tension semble un peu moindre; pas de gaz sous la peau. En prenant d'une main la partie inférieure du corps du fémur, et de l'autre les condyles de cet os, on n'obtient aucune mobilité entre ces parties. Au contraire, si saisissant d'une main les condyles du fémur, on imprime des mouvements à la jambe, on sent une mobilité anormale, sans crépitation, qui semble siéger à un ou deux travers de doigt au-dessous de l'interligne. Comme la veille, le tibia dans sa totalité est reporté en arrière, son axe restant parallèle cependant à celui du fémur, soit que le corps du tibia ait simplement glissé en arrière, soit plutôt qu'il ait accompli ce mouvement, entraîné par la flexion du fragment supérieur sur le fémur. Le malade est chloroformisé, et de fortes tractions sont exercées sur la jambe, tandis que du côté du jarret l'on repousse en avant le fragment supérieur, qui est supposé fléchi; ces efforts n'amènent aucune réduction. Mais une forte flexion de la jambe rend à la région sa conformation normale; et M. Duplay fait immobiliser le

membre dans cette position à l'aide d'un coussin interposé dans l'angle que forme la jambe avec la cuisse, et des tours de bande maintenant les parties dans cette situation, le pied reposant à plat sur le lit.

Le 5. Gonflement moindre, phlyctènes sur une plus large surface; jambe plus rouge et plus chaude. Quelques fourmillements dans le pied qui est douloureux au toucher. Le coussin est remplacé par un plan incliné.

Le 6. Le gonflement a encore diminué.

Le 7. Le pied est insensible, violacé et enflé. Le genou est très-chaud. Le membre est couvert de phlyctènes séreuses ou sanguinolentes; il est œdématié; la peau du mollet semble devoir se sphacéler. Les battements de l'artère poplitée sont forts ; ceux de la tibiale antérieure sont inappréciables. Le membre est placé simplement sur un coussin, reposant par sa face externe, le pied est entouré d'ouate.

Léger frisson dans la journée. Le soir, T. 40°,6.

Le 8. T. 39° le matin ; 39°,8 le soir.

Le 9. L'extrémité du pied est froide et insensible : l'état général est notablement plus mauvais qu'à l'entrée du malade. T. 38°,4. P. 88. —Extrait de quinquina, 4 gr. ; potion de Todd, 60 gr.

Pendant la journée, nouveau frisson. Le soir, T. 39°,4. P. 104.

Le 10. T. 40°,6. Soir, T. 39°8.

Le 11. T. 40°,1. Soir, T. 40°,4.

Le 12. T. 40°. Soir, T. 40°,2. Etat général de plus en plus grave; faiblesse extrême; facies très-altéré. Toux; gros râles humides des deux côtés dans la poitrine. Le sphacèle du dos du pied est assez limité, on y perçoit des gaz; le cou-de-pied est gonflé. Il existe une eschare à la peau du mollet.

Le 13. T. 41°. P. 116. Soir, T. 40°,8. Oppression très-grande; délire tranquille. Le gonflement du genou a presque disparu, et les os semblent bien réduits.

Le 14. T. 39°,8. Ballonnement du ventre; eschare superficielle, violacée au sacrum; incontinence d'urine, depuis quelques jours déjà.

Soir. T. 40°,5. P. 120. Délire.

Le 15. T. 40°,4. Stupeur; mâchonnement; dyspnée. Teinte violacée de toute la partie postérieure de la cuisse. Trajet fistuleux à la partie supérieure du creux poplité, par suite d'une escharification partielle.

Soir. T. 38°,8. P. 132. Un peu d'excitation.

Le 16. T. 37°,7. Soir, T. 37°,8. Mort à 7 heures du soir.

Autopsie, quatre jours après la mort.— Congestion à la base du poumon droit. Dans le poumon gauche, à la partie postérieure du lobe supérieur, pneumonie au second degré. Rien au cœur, au foie, aux reins. Traces de méningite ancienne à la convexité du cerveau.

Mortification avancée de toute la jambe droite jusqu'au niveau de la fracture; l'épiderme s'arrache, la jambe est violette; au mollet on trouve un sphacèle humide. Sous la peau, l'aponévrose est méconnaissable. Les muscles de la jambe sont en détritus dans leurs deux tiers inférieurs. L'articulation du genou contient du pus. Au milieu des muscles de la jambe se trouve un foyer sanguin assez limité, situé entre le jambier antérieur et le long extenseur commun. Un autre foyer semblable se voit entre le biceps et le demi-tendineux. Un peu au-dessus de l'interligne articulaire, la veine poplitée porte une plaie, et contient un caillot granuleux, qui se prolonge inférieurement. Les veines, qui se rendent dans le tronc poplité, sont également oblitérées par des caillots noirâtres. Les bords de la plaie veineuse sont épaissis, les caillots adhérents. A partir et au-dessous de l'interligne articulaire, l'artère poplitée prend un calibre fort petit, devient irrégulière, bosselée, et est obstruée par un caillot fortement adhérent; plus bas elle reprend son calibre normal et est de nouveau perméable.

En ouvrant l'articulation du genou, qui est remplie de pus, on voit que les cartilages, surtout ceux du tibia, commencent à se ramollir. Le fémur et le péroné sont intacts; il en est de même des ligaments.

L'extrémité supérieure du tibia est séparée complètement du corps de l'os, et divisée elle-même en quatre fragments. Tout d'abord un trait de fracture vertical antéro-postérieur détache du tibia un morceau du condyle interne, auquel adhère le ligament latéral interne; ce fragment a 5 cent. dans le sens antéro-postérieur; sa plus grande largeur est de 2 cent. et sa hauteur de 3 cent. Un autre trait de fracture, également vertical, mais oblique en dehors et en arrière, isole un morceau du condyle externe, qui s'avance en avant jusque près de la crête du tibia, et s'arrête en arrière au niveau de la tête du péroné; ce fragment, auquel s'insère le prolongement du tendon du biceps, a 4 cent. de hauteur, 4 cent. dans le sens antéro-postérieur, mais sa plus grande épaisseur ne dépasse guère 1 centimètre.

Un troisième trait de fracture part du bord antérieur du plateau tibial, et suit un plan oblique d'avant en arière, de haut en bas et de dehors en dedans, de telle sorte que, sur la face postérieure du tibia, la hauteur du fragment détaché est de 4 cent. en dedans et de 2 cent. en dehors. Ce fragment, de beaucoup le plus important; est lui-même divisé en deux morceaux, ou pour mieux dire, de ce fragment se trouve détaché par un trait oblique de haut en bas et de dehors en dedans, un morceau qui comprend l'articulation avec la tête du péroné. Ce morceau a sa plus grande dimension, qui est de 4 cent. suivant la direction du trait de fracture qui l'isole; dans le sens antéro-postérieur, il a 2 cent.; enfin, dans le sens perpendiculaire à la facette qui s'articule avec le péroné, il n'a qu'un cent. et demi. L'articulation péronéo-tibiale est intacte.

Il résulte de là que le ligament rotulien et les muscles de la patte d'oie s'insèrent sur le corps du tibia, au-dessous de la fracture, tandis que le demi-membraneux se fixe au plus important des fragments détachés du tibia, c'est-à-dire à celui qui comprend le plateau tibial, et qui, sur les planches annexées à ce travail, porte le nº 3. Sur ces mêmes planches, le nº 1 désigne le fragment qui est constitué par un morceau du condyle interne, le nº 2 celui qui comprend un morceau du condyle externe et qui donne insertion au prolongement du tendon du biceps; le nº 4 enfin correspond au fragment, sur lequel se trouve la facette qui s'articule avec la tête du péroné. Or, si l'on ouvre l'articulation du genou, on s'aperçoit que la portion articulaire du tibia appartient presque tout entière au fragment 3; le fragment 1 n'en possède qu'une bande, dont la plus grande largeur est de 1 cent.; la part qui revient au fragment 2 est plus petite encore; quant au fragment 4, c'est à peine s'il comprend une petite portion de la surface articulaire. J'ajouterai que la configuration générale de la fracture est telle, que les deux fragments détachés des condyles interne et externe, se prolongent en bas au-delà de la limite inférieure correspondante du fragment principal.

Obs. XVI (résumée). — Gosselin (*Bulletins de la Société anatomique de Paris*, 1849, p. 200, présentation faite par M. Empis en 1847). Fracture sous-condylienne du tibia, avec division du fragment supérieur en plusieurs morceaux, et luxation en avant de la tête du péroné; fracture du crâne compliquée de plaie des parties molles et de contusion cérébrale; fracture comminutive du calcanéum et de l'astragale du côté gauche, avec plaie et luxation en avant des tendons des péroniers latéraux. Mort.

Clarme, (Joséphine), âgée de 43 ans, est apportée le 15 août 1847 à l'Hôtel Dieu, dans le service de Roux, suppléé par M. Gosselin. Elle est tombée d'un troisième étage sur le pavé, et a été relevée sans connaissance; il est probable que la chute a eu lieu sur les pieds, puis que, par le fait d'une projection en avant, la tête est venue frapper le sol. On constate une fracture du crâne avec plaie des parties molles et symptômes de commotion cérébrale; de plus, du côté gauche, une fracture comminutive du calcanéum et de l'astragale, avec luxation en avant des tendons des péroniers latéraux; enfin des désordres de l'extrémité supérieure du tibia droit, qui donnent lieu aux symptômes suivants.

Le membre abdominal droit présente, au niveau de l'articulation du genou, une déformation remarquable ; le membre étant dans l'extension, on constate, immédiatement au-dessous de la rotule, une dépression qui devient plus considérable lorsqu'on fléchit la jambe sur la cuisse. Si l'on enfonce les doigts dans cette dépression, on peut arriver assez avant dans l'articulation sans sentir au travers des parties molles les condyles du fémur et les surfaces articulaires du tibia. Cette déformation du genou ne porte guère que sur sa partie antérieure. Il n'y a pas de signe de contusion ; la peau a conservé sa couleur naturelle ; il n'existe aucune ecchymose. Cependant, en examinant attentivement le genou, il paraît peut-être un peu élargi transversalement, et l'extrémité supérieure de la jambe semble portée un peu en dehors. D'ailleurs les mouvements de flexion et d'extension peuvent être exécuté facilement ; mais en outre on peut faire exécuter au tibia quelques mouvements de latéralité, impossibles du côté sain ; ainsi, le genou étant fixé par la main d'un aide, on peut faire exécuter à la partie moyenne de la jambe des mouvements de rotation sur son axe. Pendant ces manœuvres, on perçoit une crépitation légère au niveau de la tubérosité externe du tibia.

La dépression qui existe au-dessous de la rotule, donne de suite l'idée d'une rupture plus ou moins complète du ligament rotulien. Cependant les signes qui ont été donnés comme indiquant la rupture de ce tendon, sont, ndépendamment de la dépression ci-dessus signalée : 1° la position de la rotule sur un plan plus élevé que du côté sain, ce qui n'a pas lieu ici, les deux rotules étant exactement au même niveau des deux côtés ; 2° la possibilité de faire exécuter à cet os des mouvements de latéralité, ce qui ne peut non plus se faire chez notre malade. A quoi tiennent donc cette déformation et cette dépression ? En second lieu, on fait exécuter au tibia des mouvements de rotation sur son axe. Y aurait-il donc rupture des ligaments latéraux de l'articulation, et la crépitation, perçue au niveau de la tubérosité externe, serait-elle l'indice d'une fracture de cette partie ?

Le 16 août, le genou droit est gonflé, mais il n'y a pas d'ecchymose. Aucune modification ne se produit dans cette région les jours suivants, et la malade succombe le quatrième jour, à la suite des nombreuses lésions dont elle est atteinte.

Autopsie. — Nous passons sous silence tout ce qui est étranger à la fracture du tibia. Quant à la dissection du genou, elle montre les parties molles légèrement infiltrées de sang. Les ligaments de l'articulation sont parfaitement intacts. Le ligament rotulien ne présente pas la moindre solution de continuité, contrairement à ce qu'on aurait pu inférer du signe indiqué ; à peine est-il un peu contus sur son extrémité inférieure. Les surfaces articulaires du tibia sont complètement séparées du corps de cet os, dont l'extrémité supérieure présente une fracture comminutive des plus remarquables. La partie articulaire est elle-même divisée en plusieurs fragments; mais ceux-ci n'étant pas déplacés, expliquent facilement comment les mouvements de flexion et d'extension s'exécutaient sans difficulté. Et la séparation de cette partie articulaire d'avec le corps de l'os rend compte de ces mouvements de rotation que l'on faisait exécuter au tibia sur son axe, et que l'on rapportait à une rupture des ligaments latéraux. Enfin, cette fracture comminutive de l'extrémité supérieure du tibia indique suffisamment comment on avait soupçonné une rupture du ligament rotulien en examinant la dépression sous-rotulienne qui en était la conséquence. Ajoutons enfin que les moyens d'union du péroné au tibia sont rompus, et qu'il y a luxation en avant de la tête du premier de ces os.

Note du comité de la Société anatomique. — Dans un rapport fait à la Société sur cette observation, M. Dumoulin a signalé avec raison la fracture du tibia comme une fracture par écrasement, de même nature et produite par le même mécanisme que la fracture des os du pied du côté opposé. Ce genre de fracture du tibia, survenant à la suite d'une chute de haut sur les pieds, par tassement ou écrasement, comme la fracture habituelle de l'extrémité inférieure du radius, est un fait des plus remarquables. Existe-t-il dans la science d'autres exemples de fracture par écrasement du tibia?

Obs. XVII. — Trélat (*Bull. de la Soc. anatom.*, 1855, p. 235).

M. Trélat montre des fractures multiples des deux membres inférieurs, produites évidemment par une chute d'un lieu élevé. Le sujet a été trouvé dans l'un des pavillons de l'Ecole pratique. A gauche, fracture de l'astragale, du péroné, du tibia à sa partie inférieure, de l'extrémité inférieure du fémur, du corps du fémur. A droite, le calcanéum est complètement écrasé ; l'extrémité inférieure des deux os de la jambe a subi une sorte d'éclatement, qui a séparé chacun d'eux en plusieurs fragments. Enfin, au voisinage du genou, on rencontre une fracture de l'extrémité supérieure du tibia, avec deux petites esquilles. On voit donc ici une variété curieuse de fractures articulaires, ayant porté sur les portions diarthrodiales des deux os à la fois.

Obs. XVIII (résumée). — Depaul (*Bull. de la Soc. anatom.*, 1863, p. 150, présentation faite par M. Guéniot). Fracture bicunéiforme de l'extrémité supérieure du tibia, avec fractures du péroné et du condyle interne du fémur ; mort.

Une femme de 63 ans, renversée par un omnibus, est amenée dans le service de Malgaigne, suppléé par M. Depaul. Aucun détail sur l'accident. Dans la région du genou, ecchymose, épanchement abondant dans la jointure. Il existe un léger raccourcissement du membre ; mais la malade boitait avant l'accident. Mouvements passifs de la jambe, faciles et étendus ; mouvements actifs douloureux et restreints ; toutefois la malade pouvait fléchir incomplètement la jambe, mais sans que le talon abandonnât le lit. Pas de crépitation sensible. Bronchite intense. On hésite entre une forte contusion du genou et une fracture sous-condylienne du tibia. Pas d'appareil ; cataplasmes.

Quinze jours après, mêmes symptômes ; mais l'on trouve à ce moment une ecchymose d'un noir foncé et d'une étendue considérable, occupant les faces externe et postérieure du membre dans toute sa longueur, et remontant même jusqu'à la région lombaire. Les symptômes pulmonaires emportèrent la malade.

Autopsie. — On trouve : 1° une infiltration de sang dans le tissu cellulaire et les muscles ; 2° environ 200 grammes de liquide chocolat dans le genou ; 3° une fracture des deux condyles du tibia, et une fracture du péroné dans le milieu de sa longueur, en même temps qu'une fracture du condyle interne du fémur.

La fracture tibiale, très-sinueuse et très-irrégulière dans sa direction, présentait des fragments multiples. Une première ligne de rupture séparait complètement les condyles du reste de l'os ; elle était onduleuse et commençait antérieurement par un angle aigu dans lequel s'enclavait, comme un coin, la tubérosité antérieure. Du sommet de cet angle, situé à 1 millimètre de l'articulation, la fracture se prolongeait des deux côtés et d'une façon presque symétrique, obliquement de haut en bas jusqu'à la face postérieure du tibia et dans une longueur de 8 centimètres. Les deux extrémités de cette ligne remontaient ensuite verticalement sur la face postérieure du tibia, en laissant entre elles un fragment osseux, encore adhérent au corps de l'os, mais séparé du fragment articulaire par la jonction transversale de ces deux mêmes extrémités. Cette jonction se faisait à 25 millimètres de la jointure. Par suite de cette direction, le fragment supérieur ou condylien avait 1 millimètre d'épaisseur en avant, 25 millimètres en arrière et près de 8 centimètres sur les côtés ; chacun de ces côtés d'ailleurs se terminait par un prolongement styliforme.

Une deuxième ligne de rupture, irrégulièrement verticale, séparait en suite les condyles l'un de l'autre; tandis que d'autres fissures intéressaient les deux prolongements styliformes dont nous avons parlé, et les séparaient ainsi plus ou moins de leur fragment condylien correspondant. Les deux fragments principaux s'engrenaient d'une manière générale en raison de leur irrégularité, et présentaient une sorte de tendance au chevauchement et à la pénétration; de telle façon que, si l'on n'avait su que la fracture était le résultat d'un accident et par conséquent d'une violence presque certainement directe, le seul examen des lésions eût conduit à l'erreur, et fait croire à une cause indirecte ayant agi dans le sens de l'axe de l'os.

Cette hypothèse était d'autant plus soutenable que le condyle fémoral fracturé était le condyle interne, c'est-à-dire celui qui prédominait le plus inférieurement, et qui était presque en dehors de l'axe du fémur. La portion saillante de ce condyle était seule séparée du reste de l'os; de cette façon la surface de la fracture représentait un plan vertical et transversal régulier qui eût prolongé celui de la face postérieure du corps du fémur. Une sorte d'éclat, n'intéressant que le cartilage, se voyait à la partie tout interne de la poulie rotulienne. Comme déplacement, on ne trouvait qu'un mouvement ascensionnel de 1 millimètre, accompli par le fragment condylien. Le péroné était brisé vers le milieu de sa longueur. Enfin nulle part aucun travail de réparation.

Obs. XIX (personnelle). — Duplay. Fracture du quart supérieur du tibia avec fractures verticales de l'extrémité supérieure; mort.

C..., balayeur, âgé de 48 ans, entre le 10 février 1876 à l'hôpital Saint-Louis, salle Saint-Augustin n° 13, dans le service de M. Duplay. Il a été renversé par une voiture, et à ce moment la roue d'un omnibus lui a passé sur la jambe gauche, immédiatement au-dessous du genou.

Le 11. On constate un gonflement énorme de la partie inférieure de la cuisse et du mollet, avec contusion des téguments à la partie interne du genou, point où la roue a porté, et où l'on voit une ecchymose et des phlyctènes; de plus, il y a un épanchement dans le genou. La rotule et le fémur ne semblent pas touchés. Sur le tibia on sent, à travers le gonflement, un fragment anguleux, dont la pointe descend jusqu'à 4 travers de doigt au-dessous de la rotule. Mobilité anormale. Crépitation semblant siéger au niveau de la tête du péroné; ce qui fait supposer une fracture en ce point. J'ajouterai que cet homme porte à la face un lupus érythémateux, occupant symétriquement les deux joues. — Le membre est mis dans une gouttière et couvert de cataplasmes arrosés d'eau blanche ; extrait d'opium 0 gr. 05. — Le soir, T. 39°.

Le 12, T. 39°,4. P. 96. Soir, T. 39° 6.

Le 13, T. 39°,4. P. 96. Soir, T. 40°,2.

Le 14, T. 39°,2. P. 100. Soir, T. 39°,8. La tension et le gonflement son un peu moindres, quoique fort notables encore ; l'ecchymose, accompagnée de phlyctènes larges et nombreuses, s'étend en haut et en bas à une assez grande distance de la fracture.

Le 15, T. 38°.4. Soir, T. 39°,8.

Le 16, T. 38°,6. Soir, T. 39°,6.

Le 17, T. 38°. Soir, T. 40°,4..

Le 18, T. 38°,6. Soir, T. 39°,2.

Le 19, T. 37°,8. Soir, 38°,6.

Le 20, T. 37°,8. Soir, T. 38°8. La peau s'est sphacélée à la partie interne et postérieure du genou ; les eschares ne sont pas encore détachées. La tension est bien moindre, mais il y a toujours des phlyctènes.

Le 21, T. 38°. Pansement au salicol. Soir, T. 40°,2.

Le 22, T. 38°,4. La gouttière est remplacée par une large attelle plâtrée, qui comprend tout le côté externe du membre, depuis le pied jusqu'au haut de la cuisse. Soir, T. 39°,2.

Le 23, T. 38°,6. A la partie interne du genou, au niveau où les tissus sont sphacélés, il s'écoule par une ouverture fistuleuse du pus verdâtre, qui semble provenir d'un épanchement sanguin suppuré ; en ce point, existe un décollement considérable, s'étendant au-dessous et surtout au-dessus du genou. |Etat général assez satisfaisant. Pansement compressif sur les points décollés. — Soir, T. 39°,4.

Le 24, T. 39,°6. Sotr, T. 40°,2.

Le 25, T. 38°. Soir, T. 39°,4.

Le 26, T. 37°,8. Soir, T. 38°,4.

Le 27, T. 37°,7. Soir, T. 39°,6. Les eschares se sont détachées à peu près complètement ; la plaie qui en résulte, à la partie interne du genou, a environ 10 centimètres de long sur 4 centimètres de large.

Le 28, T. 38°,2. Soir, T. 39°,4.

Le 29, T. 37°,3. Soir. T. 39°,2.

Le 1er mars. T. 37°,4. Soir, T. 38°,2.

Le 2, T. 37°,2. Soir, T. 38°,4.

Le 3, T. 37°,6. Soir T. 38°,2. La plaie a bon aspect et bourgeonne ; la tension et le gonflement ont complètement disparu. Le décollemst toujours notable et donne une suppuration assez grande.

Le 4, T. 37°,6. Soir, T. 38,4.

Le 5, T. 37°,8. Soir, T. 39°,4.

Le 6, T. 38°,2. Soir, T. 39°,2.

Le 7, T. 37°,8. Soir, T. 38°,6.

Le 8, T. 37°,4. Soir, T. 38°,4.

Le 9, T. 37°,6. Soir. T. 38°;7.

Le 10, T. 38°,1. Soir, T. 39°,8.

Le 11, T. 38°,1. Une collection purulente s'est formée à la partie interne de la jambe, au-dessous du niveau de la fracture ; on l'incise, et on donne issue au pus. Quant au décollement, il est fort diminué ; et la plaie, autour de laquelle il s'étend, bourgeonne. L'attelle plâtrée est remplacée par une gouttière, et la plaie est recouverte d'une cuirasse de diachylon. — Soir, T. 39°,3.

Le 12, T. 38°,3. Soir, T. 39°,2.

Le 13, T. 37°,5. Soir, T. 38°,4.

Le 14, T. 37°,7. Une suppuration abondante s'est développée sous le diachylon ; on enlève celui-ci, et l'on fait un pansement simple. — Soir, T. 38°,4.

Le 15, T. 38°,2. Soir, T. 40°,5.

Le 16, T. 40°. Soir, T. 40°,9. Depuis deux jours il s'est formé à la peau deux ouvertures, dont l'une située immédiatement au-dessous de la rotule, ne s'étend pas en profondeur, tandis que l'autre, située au niveau de la fracture, permet d'arriver avec le stylet sur l'os dénudé.

Le 17, T. 40°,1. Soir, T. 40°,7.

Le 18. Frisson le matin. T. 40°,4. — Le malade est transporté dans les baraquements. Sulfate de quinine, 1 gramme ; extrait de quinquina, 4 grammes ; potion de Todd. — Soir, T. 40°,5.

Le 19, T. 39°,8. Soir, T. 40°.

Le 20, T. 39°,8. Soir, T. 39°,6.

Le 21, T. 39°,8. Soir, T. 39°,4.

Le 22, T. 39°,6. Soir, T. 39°,8.

Le 23, T. 39°,8. Soir. T. 40°.

Le 24, T. 39°,8. Soir T. 40°.

Le 25, T. 40°. Soir, T. 39°,8.

Le 26, T. 40°. Soir, T. 39°,6.

Le 27, T. 39°8. Soir, T. 39°,4.

Le 28, T. 39°,6. Soir, T. 39°,8.

Le 29, T. 39°,8. Soir, T. 39°,4.

Le 30, T. 39°,6. Soir, T. 39°,4.

Le 3 avril. Les ulcérations de la peau existent toujours, et se sont même un peu agrandies ; au niveau de l'ulcération inférieure, on voit apparaître le fragment supérieur dénudé et ne présentant aucune trace de consolidation. Les plaies, situées à la face interne du genou, ne sont pas cicatrisées, mais tendent vers la guérison. Il ne s'est pas produit de nouveau frisson ; le malade est toujours tremblotant, et a l'air un peu égaré. — Soir, T. 39°,8.

Le 4. Soir, T. 40°.

Le 5. Soir, T. 39°,7.

Le 6. Amputation de la cuisse au tiers inférieur par la méthode circulaire ; les artères sont simplement tordues ; trois points de suture; au côté interne, on laisse une ouverture dans laquelle on place un drain. Le lambeau, dans sa partie interne, comprend une surface bourgeonnante provenant de l'une des plaies. Pansement ouaté. Sulfate de quinine, 1 gramme extrait de quinquina 4 grammes ; potion de Todd. — Soir, T. 39°,4.

Le 7, T. 38°,2 ; P. 112. Soir, T. 39°.

Le 8, T. 37°,4. Soir, T. 40°,4. Renforcement du pansement ouaté.

Le 9, T. 38°. Quelques vomissements. Soir, T. 38°, 6.

Le 10, T. 39°. Frissonnement le matin ; vomissements. Renforcement du pansement ouaté à la racine du membre, où le pus a percé. —Soir, T.40°,2

Le 11, T. 38°,2. Le pansement donnant de l'odeur est enlevé. Pas de réunion ; pus grisâtre et mal lié ; la portion du lambeau, qui comprenait une surface bourgeonnante, est recouverte d'une couenne. — Injections à l'eau alcoolisée; pansement au mélange de glycérine et d'alcool camphré. — Soir, T. 40°. Vomissements bilieux ; pas d'appétit ; délire.

Le 12, T. 40°,8. Soir, T. 39°,2. Même état.

Le 13, T. 36°,6. Le teint devient de plus en plus ictérique ; le délire continue. Peu de suppuration, pus sans cohésion ; la couenne occupe une grande partie de la plaie. — Soir, T. 40°,2.

Le 14, T. 36°,8. Mort dans la soirée.

Autopsie faite le 16 avril. — Les deux poumons présentent à leur base, vers la surface et les bords, des infarctus multiples, n'ayant pas encore suppuré, de coloration rouge ; quelques-uns cependant sont jaunâtres. Foie de coloration verte, mais de consistance normale. Rien d'anormal aux autres viscères.

La veine fémorale de la cuisse opérée est oblitérée dans toute sa longueur par un caillot mou, brun-rougeâtre. L'artère fémorale, qui a été tordue, est bouchée par un caillot de 2 centimètres de longueur ; les tuniques interne et moyenne sont rompues, la tunique externe persiste en forme de cône.

Autopsie du membre amputé, faite le jour même de l'opération. — On trouve une certaine quantité de pus entre les muscles, aux environs du foyer de la fracture. L'articulation du genou contient un peu de sang dilué, et quelques caillots.

Si l'on considère la fracture dans son ensemble, on constate que le travail de consolidation tend à dévier en dedans la partie inférieure du membre, en formant un angle au niveau de la rupture. Le péroné est fracturé à 4 centimètres de son sommet, et le fragment supérieur est divisé sur sa face externe par un trait vertical consolidé ; ce trait de fracture se continue en dedans, de manière à diviser le fragment en deux morceaux. La fracture du péroné est presque consolidée, mais elle permet encore une certaine mobilité.

Quant au tibia, il présente deux fragments principaux. Le fragment supérieur a 10 centimètres dans sa plus grande longueur, qui est en dedans. Partant du bord interne de l'os, le trait de fracture se dirige obliquement en haut et en dehors, et vient couper la crête du tibia à 5 centimètres de l'articulation ; sur la face externe du tibia, il est transversal, et en ce point la consolidation est assez avancée ; enfin, sur la face postérieure, il est oblique en bas et en dedans. Le fragment supérieur, ainsi délimité, présente inférieurement et dans sa partie interne, sur une hauteur de près de 3 centimètres, un biseau taillé aux dépens de sa portion profonde. Le frag-inférieur est taillé suivant un biseau inverse, et au niveau du biseau, on y remarque de l'ostéite. Enfin une esquille de 6 centimètres de hauteur se voit vers l'angle externe du tibia ; il est évident qu'elle a été complètement détachée, et elle se trouve actuellement soudée au fragment inférieur.

Tandis que le fragment inférieur n'est le siége d'aucune fracture secondaire, le fragment supérieur, au contraire, présente des subdivisions. Immédiatement en dedans de la tubérosité antérieure du tibia, qui elle-même est entamée, la face interne de l'os est divisée en deux par un trait vertical. qui, dans sa partie inferieure, devient oblique en dedans. La partie inférieure du trait de fracture est restée béante, et les pointes osseuses, qui la bordent de part et d'autre, sont dépourvues de périoste et creusées de sillons et de canaux. La partie supérieure du trait de fracture, au contraire, est consolidée. Ce trait se prolonge dans l'articulation du genou ; dans cette dernière on le voit partir en avant du milieu du condyle externe, se diriger en arrière sur une longueur de 1 centimètre, puis se diviser en deux branches, qui obliquent, l'une en dedans, l'autre en dehors, pour se perdre toutes deux vers la périphérie du condyle. Au niveau des cartilages il n'y a pas de réunion, et du sang en caillot se trouve interposé entre les bords de la solution de continuité cartilagineuse. Sur la face postérieure du tibia, la séparation entre les deux segments du fragment supérieur est très-large, très-profonde ; le trait de fracture siége sur la partie la plus

Le segment interne du fragment supérieur, segment qui donne attache au ligament latéral interne, présente lui-même une fêlure verticale incomplète. Il offre de plus, en dedans, un trait de fracture consolidé, qui en détache la portion la plus interne de la tubérosité interne du tibia. Enfin, en arrière, on remarque deux esquilles, qui sont soudées à ce segment.

Pour résumer d'un mot toute cette description, l'on peut dire que le tibia est le siége d'une fracture oblique en bas et en dedans, qui sépare de l'os un fragment ayant 10 centimètres de hauteur en dedans, et 5 centimètres seulement en dehors. Ce fragment lui-même présente un certain nombre de fentes verticales, qui partent de sa limite inférieure, mais n'arrivent pas jusqu'à l'extrémité supérieure de l'os ; une seule d'entre elles pénètre dans l'articulation du genou, tout en restant cependant une fracture incomplète.

CONCLUSIONS.

Arrivé au terme de ce travail, nous allons en résumer brièvement les traits principaux.

On peut diviser les fractures qui affectent la partie supérieure du tibia, en fractures qui siégent sur le tiers supérieur au-dessous de la tubérosité antérieure, et en fractures de l'extrémité supérieure proprement dite.

I. Les fractures, qui siégent sur le tiers supérieur du tibia, diminuent de fréquence à mesure que l'on s'approche de l'articulation. Elles sont transversales ou obliques, et sont accompagnées, dans la grande majorité des cas, de fractures du péroné. Cette portion de l'os présente encore des fractures longitudinales et des perforations.

Ces lésions, qui se rencontrent surtout à l'âge moyen de la vie, ne sont pas très-fréquentes. Elles sont dues, le plus souvent, à des causes directes; cependant on les a vues succéder à une chute sur le talon, ou encore à un vrai arrachement; et les fractures indirectes sont en général voisines de la tubérosité antérieure.

Ces fractures s'accompagnent d'un gonflement et d'une ecchymose considérables, dûs à l'abondance du sang extravasé. L'articulation du genou est fréquemment le siége aussi d'un épanchement. Quant au déplacement, il manque souvent; d'autres fois le fragment supérieur est attiré en avant; enfin, l'on a observé les déformations les plus variables.

Le pronostic est assez grave. Certaines complications, par exemple la gangrène, peuvent mettre la vie du malade en danger ou nécessiter l'amputation ; et, dans les cas les plus simples, la consolidation se fait avec une extrême lenteur, demandant en moyenne 3 à 4 mois. Cette particularité semble due à la grande quantité de sang, qui s'épanche entre les surfaces fracturées.

La position à donner au membre est l'extension ; toutefois, lorsque le déplacement ne s'en trouve pas exagéré, une flexion légère sera préférable, en ce qu'elle exposera moins à la raideur du genou, qui est une suite possible du traitement.

II. Les fractures de l'extrémité supérieure du tibia comprennent :

1° La divulsion de l'épiphyse supérieure de l'os ;

2° L'arrachement de la tubérosité antérieure, qui reconnaît comme cause la plus habituelle la contraction du triceps fémoral ;

3° La fracture isolée d'un des condyles ;

4° La fracture de l'extrémité de l'os dans sa totalité.

Cette dernière présente plusieurs variétés. Dans une première variété (*fracture sous-condylienne*), toute la partie articulaire est détachée de l'os ; cette portion peut être intacte, ou divisée en deux ou en un plus grand nombre de fragments ; d'autres fois cette fracture se complique de pénétration.

Dans une 2e variété, l'extrémité supérieure du tibia est éclatée en un grand nombre de morceaux.

Dans une 3e (*fracture cunéiforme*), la solution de continuité, très-oblique, part de la limite des surfaces articulaires, et dépasse le quart et même le tiers supérieur de l'os ; le fragment supérieur, dans ce cas, rappelle la forme d'un coin. Au lieu d'un coin unique, ce fragment peut figurer encore un double coin (*fracture bicunéiforme*).

Enfin l'extrémité supérieure est le siége de fissures ou de

fractures verticales, qui le plus souvent, sont des complications de solutions de continuité du tibia situées plus bas.

Le péroné est assez fréquemment intact dans ces diverses fractures.

Les fractures, qui affectent l'extrémité supérieure dans sa totalité, sont rares, et frappent surtout des personnes âgées. Elles reconnaissent des causes directes, ou bien succèdent à des chutes sur les pieds. L'expérimentation prouve d'autre part que, chez les sujets âgés, ou de mauvaise constitution, elles peuvent avoir lieu par arrachement; ce qui est dû à la raréfaction du tissu spongieux des extrémités osseuses, chez ces sujets.

Dans la symptomatologie, qui est assez obscure, nous signalerons principalement le gonflement du genou, avec ecchymose et épanchement articulaire. Parmi les déformations, les plus remarquables sont une dépression au-dessous de la rotule, en même temps que la jambe est reportée sur un plan postérieur à celui de la cuisse, et un élargissement de l'extrémité supérieure du tibia.

Le diagnostic est d'ordinaire difficile, et la confusion est possible avec une contusion, une entorse, une luxation du tibia, une fracture du fémur.

Le pronostic est grave, même en l'absence de plaie. Ces fractures sont souvent mortelles ; et, quand les malades guérissent sans ampu tation, la raideur articulaire est la règle.

Enfin l'immobilisation doit porter aussi bien sur la cuisse que sur la jambe; et l'on mettra le genou dans une flexion légère, lorsque la position à donner ne sera pas commandée par la nature du déplacement. L'amputation est indiquée dans certains cas, et en particulier quand il y a plaie articulaire.

INDEX BIBLIOGRAPHIQUE

BOYER, Traité des maladies chirurgicales.

ASTLEY COOPER, Œuvres chirurgicales complètes, traduites par E. Chassaignac et G. Richelot. Paris, 1837.

WEBZTER, in *N. England Journ. of med. and surg.*, 1819, p. 553.

KEY, in *The Lancet*, 1828, t. XIV, p. 32.

CAMPAIGNAC, in *Journ. hebdomad.*, 1829, t. IV, p. 115.

ASTON-KEY, in *Gaz. méd. de Paris*, 1833, p. 720.

SYME, in *Arch. gén. de méd.*, 1836, 2e série, t. XI, p. 97.

LOUIS FLEURY, in *Arch. gén. de méd.*, 1837, 2e série, t. XIV, p. 438.

GUÉRETIN, in *Presse méd.*, 1837.

J. CLOQUET et A. BÉRARD, Jambe (Fractures de), dans le Dictionnaire en 30 volumes.

BOUYGUES, *Bull. de l'Acad. de méd.*, 1845, t. XI p. 26.

BONNET, Traité des maladies des articulations. Paris, 1845, t. II, p. 178.

MALGAIGNE, Traité des fractures et des luxations. Paris, 1847-1855.

EMPIS, in *Bull. de la Soc. anat. de Paris*, 1849, p. 200.

JARJAVAY, Des fractures des articulations. Thèse pour le professorat. Paris, 1851.

THAMHAYN, in *Zeitschr. des deutsch. Chirurg. — Vereins*, 1852, Bd. VI, p. 327.

HARVEY-JEWET, in *Buffalo med. Journ.*, 1853.

MIDDELDORPF, Beiträge zur Lehre von den Knochenbrüchen. Breslau, 1853.

DALLAS, Des fractures de l'extrémité supérieure du tibia. Thèse de Paris, 1854.

LABORDERIE, Considérations sur quelques points de l'histoire des fractures. Thèse de Paris, 1854.

VELPEAU, in *Gaz. des hôp.*, 1854, p. 201.

BAUDENS, in *Gaz. des hôp.*, 1855, p. 127.

TRELAT, in *Bull. de la Soc. anat.*, 1855, p. 235.

MONCEAU, in *Bull. de la Soc. anat.*, 1856, p. 75.

BOUREAU, De l'emphysème primitif ou spontané dans les fractures des membres. Thèse de Paris, 1856.

GOSSELIN, in *Bull. de la Soc. de chir.*, mars 1857.

BINET, Ruptures du tendon et du ligament rotuliens (*Arch. gén. de méd.*, 1858, 5e série, t. XI, p. 687).

HUGUIER, in *Bull. de la Soc. anat.*, 1858, p. 513.

GURLT, Handbuch der Lehre von den Knochenbrüchen. Frankfurt, 1860-1862.

BLACK, in *The Lancet*, 7 sept. 1861.

LEGOUEST, Traité de chirurgie d'armée. Paris, 1863.

DUGUET, in *Bull. de la Soc. anat.*, 1863, p. 186.

GUÉNIOT, in *Bull. de la Soc. anat.*, 1863, p. 150.

BÉRENGER-FÉRAUD. Des fractures en V au point de vue de leur gravité et de leur traitement. Thèse de Paris, 1864.

BENJAMIN ANGER, Traité iconographique des maladies chirurgicales Paris, 1865.

FISCHER et HIRSCHFELD, in *Berl. klin. Wochenschr.*, 1865, t. II, p. 10.

PEULEVÉ, in *Bull. de la Soc. anat.*, 1865, p. 305.

RICHET, Anatomie médico-chirurgicale, 1866, 3e édit., p. 1052.

COSSERET, De la divulsion des épiphyses. Thèse de Paris, 1866.

FARGEAUD, Des fractures de l'extrémité supérieure du tibia. Thèse de Paris, 1866.

DUROCHAS, Des fractures de l'extrémité supérieure du tibia. Thèse de Paris, 1867.

MARIE, Des fractures de l'extrémité supérieure du tibia et de leur pronostic. Thèse de Paris, 1867.

CASPARY, in *Berl. klin. Wochenschr.*, 1867, n° 4.

LANDRIEUX, in *Bull. de la Soc. anat.*, 1868, p. 46.

PITHA et BILLROTH, Handbuch der allgemeinen und speciellen Chirurgie. Erlangen, 1868, Bd. IV, Abth. I, p. 267.

PAUL VOGT, in *Deutsche Klinik*, 1869, p. 217.

VOLKMANN, in *Jahresber. über die Leist. und Fortschr, in der gesammt. Med.* 1869, t. II.

EUG. BŒCKEL, in *Union médicale*, 1869, 3e série, t. VII, p. 389.

VASLIN. Etude sur les plaies par armes à feu. Thèse de Paris, 1871.

SÉDILLOT, in *Arch. gén. de méd.*, 1871, 6e série, t. XVII, p. 49 et 381.

BÉRENGER-FÉRAUD, Traité des fractures non consolidées ou pseudarthroses. Paris, 1871.

BARILLER, Considérations pratiques sur le traitement des fractures de jambe. Thèse de Paris, 1872.

LERICHE, Etude sur le mécanisme de la production des fractures en V héliçoïdales du tibia. Thèse de Paris, 1873.

PONCET, art. *Jambe*, in *Dict. de méd. et de chir. pratiques*. Paris, 1874.

RICHET, Cliniques de l'Hôtel-Dieu, in *Union médicale*, 1875.

CAZENEUVE, Des fractures de l'extrémité supérieure du tibia par arrachement. Thèse de Paris, 1875.

JALLAND, in *Gaz. méd. de Paris*, 1876, p. 91.

S. DUPLAY, Cliniques de l'hôpital Saint-Louis, in *Progrès médical*, 1876, p. 325.

DURET, Communication à la *Soc. de biologie*, 16 déc. 1876.

TABLE DES MATIÈRES

EXPLICATION DES PLANCHES

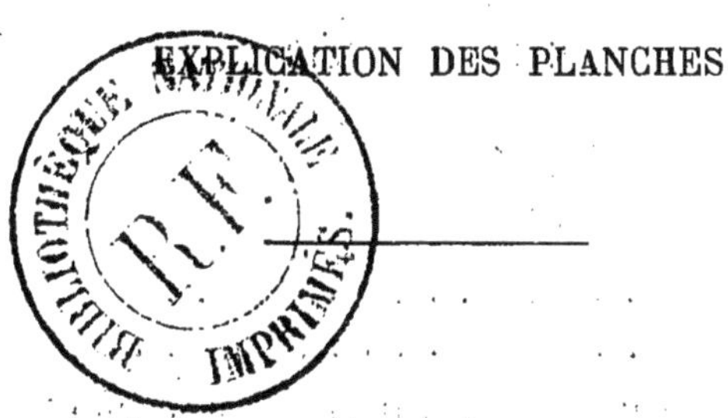

Fracture sous-condylienne du tibia, avec division du fragment supérieur en plusieurs morceaux (obs. XV, 2e partie).

Planche I. Face antérieure.

Planche II. Face postérieure.

A. Demi-membraneux.

B. Biceps.

C. Ligament rotulien.

1. Fragment comprenant un morceau du condyle interne.

2. Fragment comprenant un morceau du condyle externe.

3. Fragment principal comprenant le plateau tibial.

4. Fragment sur lequel se trouve la facette qui s'articule avec le péroné.

A. PARENT, imprimeur de la Faculté de Médecine, rue Mr-le-Prince, 31.

Planche 1

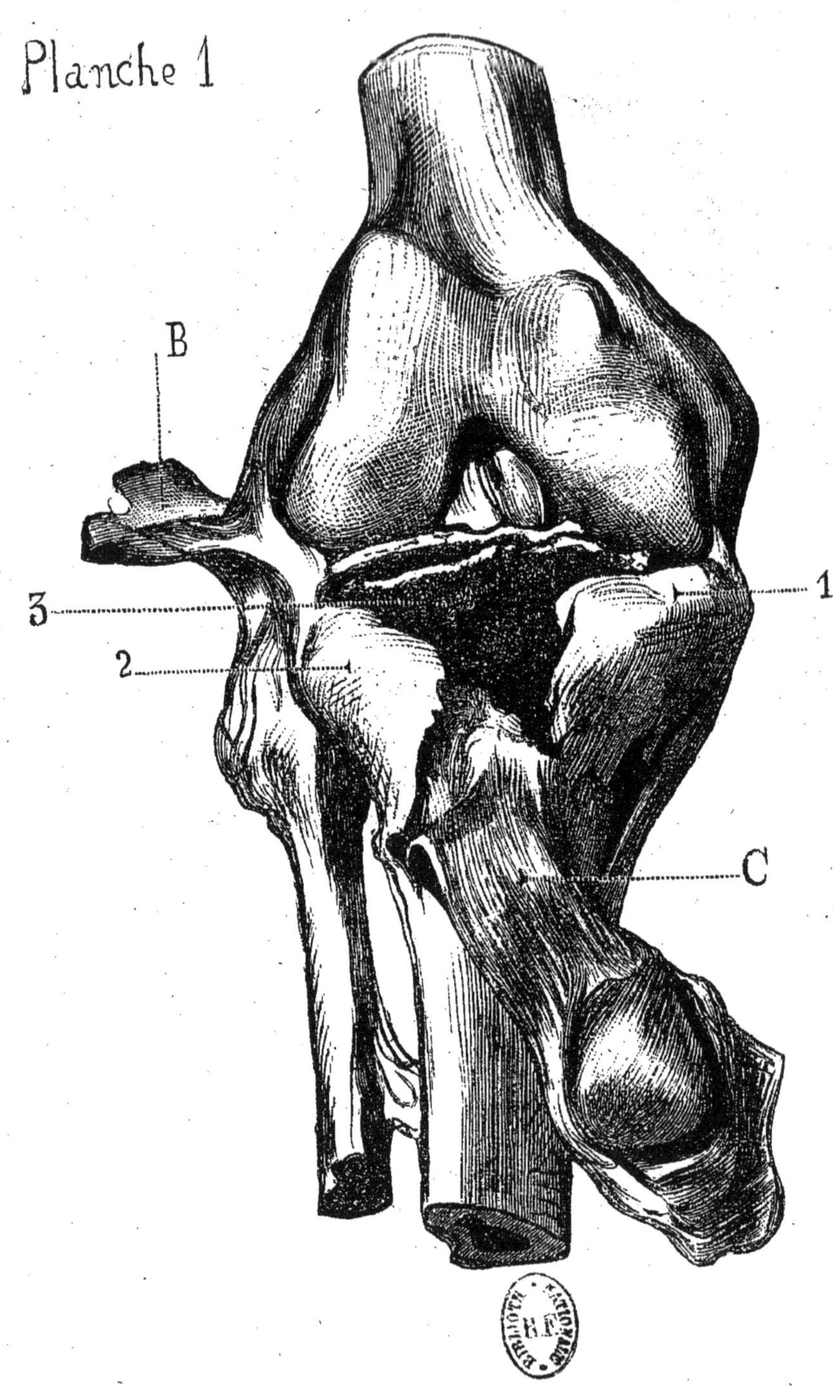

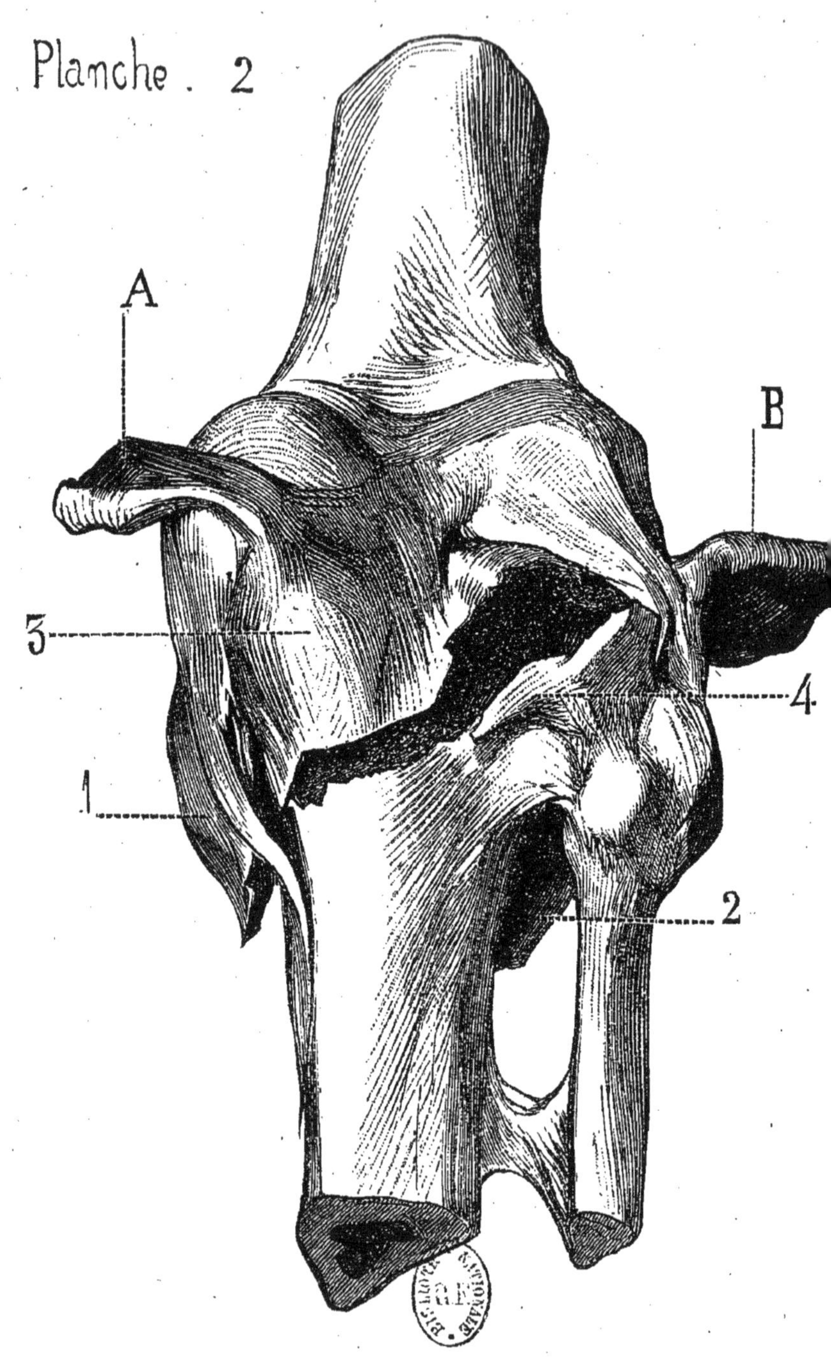
Planche . 2
A
B
3
4
1
2

www.ingramcontent.com/pod-product-compliance
Ingram Content Group UK Ltd.
Pitfield, Milton Keynes, MK11 3LW, UK
UKHW021101200726
13857UKWH00003B/1047